크레온의
사주명리학

四柱命理學

대자연의 변화를 알면

사람의 마음에 변화를 알 수 있고

그에 따른 운명의 결과를 예측할 수 있다.

크레온의
사주명리학

四柱命理學

김교령 編著

좋은땅

차례

제3장 천간(天干)과 지지(地支)

제4장 사주 작성법(四柱 作成法)

XI · 12운성(十二運星) ·· 206

프롤로그

  동양의학에서 대자연을 대우주라고 하고 인간을 소우주라고 하는 것은 천지간에 인간이 가장 대우주의 본질을 닮아있기 때문이다.

  인간이 살아가는 대우주에 자연의 질서와 법칙이 존재하고 있으며 그 속에서 살아가고 있는 인간은 자연의 지배를 받지 않을 수 없다.

  우주에는 365일(日)이 있고 12월(月)이 있다. 우리 몸에는 365개의 혈점(血點)이 있고 등과 복부를 중심으로 임맥과 독맥이 띠를 두른 모양으로 흐르면서 육신의 모든 장기를 관장하는 12경락(經絡) 흐름의 지배를 받는 12장부(臟腑)가 있다.

  눈에 보이지 않는 육기(六氣)와 물질적인 형체의 오운(五運)이 결합하여 이치적인 우주의 변화를 이루고 있다.

  사주(四柱)란 인간이 대우주에 태어남과 동시에 타고나는 年, 月, 日, 時를 말하며 네 개의 기둥이라 하여 사주라고 한다.

  사주에는 각각 천간(天干)과 지지(地支)가 있으니 모두 여덟 글자가 되어 팔자(八字)라고 하며 사주와 팔자를 합하여 사주팔자(四柱八字)라고 한다.

  명리학(命理學)이란 사람의 명(命)과 자연에 이치를 공부하는 학문으로 자연에 이치를 통해서 하늘이 정해놓은 사람의 숙명과 운명을 깨우치는 학문이다.

  사주명리학(四柱命理學)이란 사주와 명리를 합(合) 하여 인간의 명(命)에 대한 이치를 연구하는 학문이다.

  우주의 기운이 변하면 소우주에 해당하는 인간의 기운도 변하게 된다.

우주의 기운에 따라서 그 기운의 지배를 받는 인간의 기분과 마음이 변하고 기분과 마음에 따라서 행동하면 거기에 따른 행동의 결과가 발생하게 된다.

그러므로 대자연에 변화를 알면 사람의 마음에 대한 변화를 알 수 있고 그에 따른 운명의 결과 또한 예측할 수 있다.

사주는 태어날 때 기운을 표시하고 운명은 현재의 기운을 표시한다.

더울 때 태어난 사람은 양기(陽氣)의 영향을 받고, 추울 때 태어난 사람은 음기(陰氣)의 영향을 받으니 성격부터 다를 수밖에 없다.

사주가 추울 때 태어난 사람은 따뜻한 행운(行運)으로 가고, 더울 때 태어난 사람은 추운 행운으로 가면 균형이 맞춰지니 어느 정도 기운이 조화로워질 수 있다.

사주명리학은 글자 하나하나의 의미와 각 글자 간의 관계, 위치에 따른 배치, 음양(陰陽)에 따른 관계, 생극(生剋) 관계 등으로 여러 가지를 추론할 수 있다.

자신에게 좋은 운이 오는 시기와 재물 복, 직장 운, 배우자 복, 부모 복, 형제 복, 자식 복, 주변의 인복 등 여러 형태의 인간관계를 파악하는 것이 가능하다.

내면적 특성과 외면적 특성을 통해서 자신의 적성을 알아볼 수 있고 그 외 사업 운, 직업 운, 금전 운, 결혼 운, 이성 운, 건강 운까지도 살펴볼 수 있다.

사주팔자를 본다는 것은 자신이 출생한 당시에 주어지는 年, 月, 日, 時 안에 8글자 간의 관계를 통해서 사회와의 관계, 사람들과 관계를 살펴보는 것으로 운명과 숙명을 알아보는 것이라 하겠다.

매년 새로운 해가 오며 그 해가 나의 사주팔자와 어떤 연관성이 있는지 알아보는 것을 신수(身數)라고 한다.

신수를 볼 때는 세운(歲運)과 함께 10년마다 바뀌는 대운(大運)까지 잘 살펴본 후 판단해야 한다.

우리는 자신의 모든 면을 자기 뜻대로 통제할 수 없을 때가 있다.

부딪히는 현실 앞에 무력감이 들거나 좌절을 경험할 때가 있으며 그로 인하여 막연한 두려움 마저 들 때도 있다.

인정하고 싶지 않지만, 숙명적이고 필연적인 운명이 엄연히 존재하고 있기 때문이다.

그래서 어떤 이는 "사주팔자는 100% 과학이다"라고 한다.

누군가는 자신이 몰라서 결과가 나쁘게 나왔으며 그 결과의 책임 또한 본인이 져야 하니 "무식이 죄이더라"라고 말하기도 한다.

100% 과학인지 증명은 할 수 없어도 나 자신 또한 팔자대로 살아가고 있다.

무식이 죄라고는 할 수 없지만, 운명을 미리 알면 더 나은 방법을 생각할 수 있고 좀 더 나은 방향의 길을 선택할 수도 있다.

누구든 자신의 의지와 상관없이 태어나서 그 운명대로 살아가고 있다. 하지만 살아가면서 내 인생은 분명 내가 선택할 수 있고 스스로 개척해 나갈 수 있다.

그런 점에서 사주명리학은 세상을 살아가면서 필요한 이치를 깨닫게 해주는 학문이다.

사주는 재미로 보는 것이 아니라 우주의 기(氣)와 나의 상관관계를 보는 것이며 관계성을 이해할 줄 알면 지혜롭고 합리적인 방법을 선택할 수 있다.

사주명리학을 오랫동안 독학으로 공부한 분들이 한계에 부딪혀 상담하러 오는 경우가 종종 있다. 그런 가운데 10년 이상을 공부하고도 십성(十星)조차 제대로 이해하지 못하는 경우가 있다.

반면 명리학자들 중에서도 학문적으로만 너무 깊이 있게 공부한 나머지 실전 통변(通變)과 괴리감이 있는 어려운 학문을 그대로 고객에게 전달하니 넘치는 지식이 오히려 독이 되는 경우도 많이 보았다.

명리학은 짧은 시간에 터득할 수 있는 학문이 절대 아니며 책으로 설명하기에는 너무도 심오한 부분이 있다.

　사주는 백만 가지 이상의 유형이 있으니 모두 습득하기란 쉽지 않으며 한 페이지를 이해하기 위해서 혼자서 공부하면 몇 번이고 거듭해서 읽어도 이해하기 어려운 부분이 생긴다.

　개인적인 생각이지만 사주 명리학은 혼자서 공부하는 방법은 옳지 않다고 본다.

　기본기와 실전 통변의 경험이 많은 스승을 만나서 기초를 제대로 공부한 후 또 다른 방법을 스스로 찾고 연구하여 끊임없이 공부해야 한다.

　그러다 보니 사주 명리학에 입문하기까지 시간이 너무 오래 걸리는 것은 어쩔 수 없는 현실이다.

　기존의 학습교재나 오래된 고서들을 아무리 죽기 살기로 열심히 통달하여도 실전 통변(通變)의 대가(大家)로 거듭나기에는 괴리감이 있다.

　사주명리학에 입문하는 문하생들을 많이 지도하면서 교재로 사용할 수 있는 적당한 책을 찾기가 어려웠다.

　독학이 아니라 스승을 찾아서 하는 공부라고 생각되므로 교재는 간략하고 기초 명리학을 이해하는 정도의 수준으로 정리하는 방법을 선택하였다.

　현재 상황이 어떤 기운에 놓여 있는지, 그 기운으로 인하여 어떤 일이 발생할지 예측하고 그에 맞는 좋은 해결책을 찾는다면 인생을 더욱 올바르게 헤쳐나갈 수 있다.

　좋은 해결책을 찾은 후 때를 기다릴 줄 알며 나아갈 때를 구분하여 행동하면 그에 따른 결과도 긍정적일 것이다.

　아무리 답답한 인생이라도 좀 더 나은 방향으로 개운할 방법은 누구에게나 있다.

　내 인생의 길함과 흉함을 알고 올바른 지혜를 찾는다면 내일은 분명 오늘보다 더 행복해질 것이다.

우주의 기운을 알고 거기에 맞는 긍정적인 사고로 세상을 산다면 지금 주어진 삶이 행복한 삶이 되지 않을까 기대해 보며 오늘도 명리 공부에 매진해 본다.

辛丑年 庚子月 丁巳日

媄强 金 嬌怡

제1장

사주팔자(四柱八字)란?

- **팔자(八字)의 궁(宮)**
  - 년주(年柱)
  - 월주(月柱)
  - 일주(日柱)
  - 시주(時柱)

I

사주팔자(四柱八字)

역(易)이란 변화를 총괄하는 뜻으로 '바꾸다, 고치다, 교환하다'라는 뜻을 내포하고 있으며 삼라만상(森羅萬象)을 의미한다.

계속되는 음양오행(陰陽五行)의 변화를 근본으로 하여 대자연에 섭리와 인간과의 운명학적 접근을 역학(易學)이라고 한다.

역학은 기본적으로 주(周)나라의 역(易)이라고 하여 주역(周易)을 말한다.

주역을 연구하는 학문을 의미하며 우주론적인 철학의 의미가 담겨 있기도 하다.

역학은 인간의 개인적인 생로병사(生老病死)와 길흉화복(吉凶禍福)을 논하는 사주명리학(四柱命理學)과 깊은 연관이 있다.

인간은 대우주에 태어남과 동시에 각기 다른 기(氣)의 영향을 받는다. 태어날 때 주어지는 年, 月, 日, 時가 있으며 그것을 네 개의 기둥이라고 하여 사주(四柱)라고 한다.

사주에는 각각 천간(天干)과 지지(地支)가 있으니 모두 여덟 글자가 되어 팔자(八字)라고 하며 이를 합하여 사주팔자(四柱八字)라 한다.

사주팔자로 사람의 명(命)에 대한 이치를 연구하는 학문을 사주명리학(四柱命理學)이라고 한다.

음양오행의 원리로 천지 만물이 변화하는 현상을 분석하여 태양계의 어떠한 영향을 받았는가에 따라서 숙명과 운명이 결정되는 것이다.

따라서 태어날 때 타고난 기운과 우주의 현재 기운을 살펴보고 그 기운 속에서 숙명이 이루어지며 자연의 변화 속에서 운명이 결정된다.

인간은 의지와 노력만으로 자신의 인생에 모든 면을 지배하고 결정하기 어려운 부분이 있다.

숙명적이고 필연적인 인연으로 이미 정해진 부모와 환경 속에서 성장하게 된다.

선천적으로 타고난 사주팔자대로 살아가면서 음양오행이 인간의 정신과 육체에 영향을 미쳐서 생로병사(生老病死)와 길흉화복(吉凶禍福)으로 현실에 나타나는 것이다.

사주명리학(四柱命理學)은 이를 바탕으로 자연의 이치와 예측하기 어려운 절대적인 힘이나 운명을 미리 분석하여 때를 알고 기다릴 줄 아는 지혜와 삶의 올바른 방향을 제시해 줄 수 있다.

추운 계절의 밤에 태어난 명(命)이라면 음기에 해당하는 수기(水氣)가 너무 강하다.

운로(運路)가 더운 기운으로 흘러가야 화기(火氣)로 조절하여 운명이 중화되면서 조화를 이룰 수 있다.

더운 여름의 한낮에 태어난 명(命)이라면 성격이 조열(燥熱)하여 매사 실수가 따르게 된다.

운로(運路)가 추운 기운으로 흘러가면 수기(水氣)로 조절하여 운명이 좋은 방향으로 발전하게 된다.

겨울이 지나면 봄이 오고 봄이 지나면 여름이 오며 가을을 맞아서 열매를 맺고 다시 겨울을 맞이한다.

한 치의 오차도 없는 자연의 질서를 사주팔자(四柱八字)에 대입하여 사람의 명(命)을 판단할 수 있다.

그에 따른 숙명을 이해하여 운명을 개척할 수 있는 올바르고 합리적인 방법을 찾을 수 있다.

1. 팔자(八字)의 궁(宮)

사주팔자 상에 궁(宮)이란 집을 의미하고 육친의 자리를 뜻한다.

태어난 년(年), 월(月), 일(日), 시(時)는 4개의 기둥이니 사주(四柱)가 되고 사주 안에 위, 아래 모두 8개의 글자이니 팔자(八字)가 된다.

팔자가 곧 8개의 궁에 해당하며 육친의 자리로 정해진다.

〈 궁(宮)의 변동 〉

時		日		月		年	
時干	**時**	日干	**日**	月干	**月**	年干	**年**
時支	**柱**	日支	**柱**	月支	**柱**	年支	**柱**
자식, 아랫사람 나의 노년		나의 신상 나의 배우자		부모, 형제 나의 직업		조상, 조부모 집안의 문제	

년간(年干)과 년지(年支), 월간(月干)과 월지(月支), 일간(日干)과 일지(日支), 시간(時干)과 시지(時支)는 모두 여덟 개의 궁으로 팔자(八字)가 된다.

년간과 년지를 합하여 그 기둥을 년주(年柱)라고 한다.

월간과 월지를 합하여 그 기둥을 월주(月柱)라고 한다.

일간과 일지를 합하여 그 기둥을 일주(日柱)라고 한다.

시간과 시지를 합하여 그 기둥을 시주(時柱)라고 한다.

8개 궁(宮)은 각각 육친의 자리로 정해져서 변동이 없으나 태어날 때 정해진 팔자는 궁의 위치에 맞는 육친으로 태어나지 않는 경우가 더 많다.

궁의 자리에 해당하는 육친이 자리하고 태어나면 팔자가 순리대로 편안하며 해당하는 육친과 정이 남다르다.

1) 년주(年柱)

년주(年柱)는 태어난 해를 뜻하니 나의 근본이요 조상 궁이라고 하며 윗사람이나 조부모, 조상 등을 의미한다.

내가 태어나기도 전에 년주가 가장 먼저 정해졌으니 타고난 초년의 운명을 뜻한다.

년간(年干)은 조부 궁으로 년지(年支)는 조모 궁으로 각각 나누어 볼 수도 있다.

년주가 안정되면 월주에 좋은 영향을 미치니 부모 복이 있다.

년주가 용신(用神)으로 자리하면 이미 좋은 집안에서 태어나 부모의 보호를 받고 편안한 초년을 보내게 된다.

2) 월주(月柱)

월주(月柱)는 년주(年柱) 다음으로 자신이 태어난 달을 뜻하니 청년 후의 운명을 의미한다.

부모의 궁이고 사회의 궁으로 형제, 자매, 동료 등을 뜻한다.

월간(月干)은 아버지의 궁이고 월지(月支)는 어머니의 궁으로 해당하는 자리에 해당하는 육친이 자리하면 부모덕이 있고 일생이 편안하다.

월지는 어머니의 자리로 사주 전체에 가장 큰 영향을 미치며 일주(日柱)에 직접적인 영향을 준다. 월지가 안정되면 어머니의 관심과 사랑을 받으며 안정된 생활을 하니 학업에 열중할 수 있다.

월주가 충(沖)이 되어 불안정하면 부모의 역할도 불안정하니 나의 성장환경에 지대한 영향을 미치게 되며 학문에 정진하기가 어렵게 된다.

3) 일주(日柱)

일주(日柱)는 월주(月柱) 다음으로 태어난 날을 뜻하니 사주팔자의 주체가 되는 본인 자신을 의미한다.

청년에서 중년의 시기와 결혼 및 배우자의 신상 관계 등 가정사를 의미한다.

왕성한 사회 활동을 이어가며 자식을 양육하는 시기이다.

일간(日干)은 사주팔자(四柱八字)의 주인에 해당하는 본인 자신을 의미하며 일지(日支)는 나와 가장 가까운 궁에 해당하니 배우자 궁을 의미한다.

일간(日干)과 일지(日支)의 관계가 좋아서 안정되면 배우자와 관계도 다정하여 가정이 화목하고 평화롭다.

일지는 시주(時柱)의 자식궁에 직접적인 영향을 미치게 된다.

4) 시주(時柱)

시주(時柱)는 일주(日柱) 다음으로 태어난 시(時)를 뜻하니 노년의 운명과 재운(財運) 및 수명과 관련된 건강 운을 의미한다.

육친으로는 자식궁이고 자식의 배우자 자리이기도 하며 사회적으로는 아랫사람을 뜻한다.

자식을 양육하고 삶의 마무리와 휴식을 맞이하는 궁이다.

시주가 불안정하면 말년이 힘들고 건강문제가 심각하게 발생할 수 있으며 자식과 불화도 발생할 수 있다.

내가 태어나기 전 어머니 배속에 잉태함과 동시에 이미 태어날 년(年)이 정해지고 그다음 태어난 월(月)이 정해지니 年을 가장 먼저 쓰고 年 뒤에 月을 쓴다. 月 뒤에 태어 난 日을 쓰고 日 뒤에 時를 마지막으로 쓴다.

사주팔자에서 태어난 날의 일간(日干)은 나를 의미하니 일간을 중심으로 나머지 글자와의 관계를 분석하는 것이다.

나를 기준으로 봤을 때 일간과 가장 가까운 궁에 해당하는 일지(日支)를 잘 살펴보아야 한다.

　일지는 일간(日干)의 바로 밑에 자리하고 있으니 나와 가장 가까운 인연을 의미하는 부부궁으로 배우자에 따라서 부부관계의 문제나 재물복과 직업 운을 분석할 수 있다.

　태어난 날의 일간(日干)과 함께 태어난 월의 월지(月支)를 잘 살펴보아야 하며 사주 원국(原局)의 기운이 가장 잘 드러난다.

　태어난 계절을 나타내니 월지(月支)가 사주의 중심이 되며 왕(旺)하고 쇠(衰)하는 판단의 기준이 된다.

　사주 내에서 합(合)이 되거나 충(沖)이 되고 또는 생극제화(生剋制化)가 되면 궁(宮)의 변동이 발생하게 된다.

　대운이나 세운(歲運)의 기운으로 인하여 궁의 변동이 발생할 수 있으며 이는 가변적 요소가 강하다고 할 수 있다.

　반면 팔자는 태어날 때 이미 정해지니 숙명적 요소가 강하다고 할 수 있다.

　궁의 변동을 잘 읽을 수 있다면 간명에 실수를 줄일 수 있다.

　타고난 팔자가 나쁘면 어쩔 수 없는 운명이 있다는 것을 알 수 있으니 이것은 숙명에 가깝다고 할 수 있다.

　하지만 사주팔자에서 운이 나쁘다고 했을 때 이번 운만 지나고 나면 다시 좋아질 수 있는 때가 있다.

　따라서 사주팔자는 변하지도 바뀌지도 않으나, 운은 바뀔 수 있으니 운이 좋아지는 때를 알고 움직이면 개운을 할 수 있다.

제2장

음양오행(陰陽五行)

Ⅱ
음양오행(陰陽五行)

1. 음양(陰陽)

우주의 삼라만상(森羅萬象)은 모두 음양의 조화로 이루어져 있으며 이를 벗어나 존재하는 것 또한 아무것도 없다.

〈 음양(陰陽) 구분 〉

음(陰)	양(陽)
땅(坤)	하늘(乾)
밤	낮
달	해
여자	남자
오장(육장)	오부(육부)
혈	기
가을, 겨울	봄, 여름
서, 북	동, 남
짝수	홀수
냉	한
습	건
약	강
안	밖
어둠	밝음
과거	미래
소극적(정적)	적극적(동적)
지지(地支)	천간(天干)

음양은 서로 대립하지만, 함께 존재하며 음양이 배합됨으로써 만사가 순조로워지는 것으로 음양이 화합하지 못하면 불길하다.

만물은 음양이 화합하여 조화를 이루면 비로소 새로운 창조가 일어나는 것이다.

음양의 법칙은 우주 자연법칙으로 만물의 기초이자 근원이며 그로 인하여 인간과 자연환경은 밀접한 관계가 있다.

음과 양을 구분하면 고요함과 움직임이 있고 어둠과 빛에서 출발하였으며 상대적 개념으로 인식해야 한다.

태양이 빛을 발하는 낮에는 양의 상태를 의미하고 태양이 구름에 가려져서 빛을 잃으면 음의 상태를 의미한다.

음양의 관계는 서로 떨어져서 대립하고 적대적인 개념을 넘어서 서로 의지하고 제약을 받는 관계로 역할이 분명하다.

완전히 대립하는 질적 차이가 아니며 서로 조화를 이루고 순환하니 음양은 반대 개념이 아니라 상대적 개념으로 인식해야만 정확한 분석이 가능하다.

양의 성질은 동적으로 적극적이고 강하며 남성적인 역할을 한다.

음의 성질은 정적으로 소극적이고 연약하며 여성적인 역할을 한다. 하지만 음이 진화하여 양이 될 수 있고 또한 양이 진화하여 음이 될 수도 있다.

음과 양은 하나의 기운이며 서로 대립하면서도 혼자서는 존재할 수 없는 또 다른 의미의 큰 하나이다.

낮이 지나면 밤이 오고 밤이 지나면 어김없이 날이 밝아서 다음 날이 오듯이 계속된 변화를 통하여 대자연의 움직임이 발생한다.

음양 중 하나만 존재한다면 대자연의 모든 생명체의 존재는 사라지게 될 것이다.

이를 자연과 모든 사물에 적용하면 땅은 음이고 하늘은 양에 속한다.

여자는 음이고 남자는 양이며 밤은 음이고 낮은 양이며 과거는 음이요 다가올 미래는 양에 속한다.

음과 양은 서로 소화를 이루고 순환함으로써 존재하는 것이며 우주에 태어난 소우주 인간의 운에도 크게 영향을 미치게 된다.

사주팔자는 태어난 계절의 지대한 영향을 받으니 인간의 성격과 행동 방식에도 영향을 미치게 된다.

입체적으로 분석하고 강약구분을 하여 균형과 조화로움을 파악해야 한다.

눈에 보이는 형(形)을 바라보고 그 이면에 질서로 존재하는 상(象)을 파악하여 우주의 실상을 바라보아야 제대로 된 분석이 가능하다.

2. 오행(五行)

오행(五行)이란 우주 만물을 이루는 다섯 가지 원소를 말하며 다섯 방향으로 나아간다는 의미가 있다.

다섯 가지의 변화를 거친다는 것이며 시간의 흐름에 따라서 변화를 일으키는 계절의 변화와 연관성이 깊다.

음양이란 태양과 지구를 중심으로 만들어졌으니 인간이 생성하고 소멸하는 것 또한 우주의 순환 이치와 같다.

고대 중국에서는 오기(五氣)에서 만물이 생성하고 변화하는 것으로서 음양론과 함께 동양사상의 중요한 음양오행론이 형성되었다.

〈 오행(五行)의 상생과 상극 도표 〉

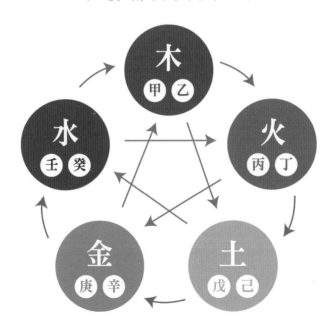

오행은 태양을 구심점으로 자전과 공전을 거듭하고 있는 하나의 별을 의미한다.

일상생활에 필요한 형체가 있는 기본적 물질을 가리키는 것으로 木, 火, 土, 金, 水의 다섯 개로 이루어져 있다.

우리가 살아가고 있는 지구에서 계절의 변화를 바탕으로 기운과 운동성을 이해하여 기능적 특성과 가장 유사한 사물을 대입하면 나무, 불, 흙, 금, 물이 된다.

木은 곡직(曲直)이라고 하여 목기가 곧고 굽은 것으로 나무의 생장을 의미하며 봄의 기운을 상징한다.

소년기이며 의욕과 추진력을 상징하고 새로운 시작을 의미한다.

火는 염상(炎上)이라고 하여 화기가 뜨겁게 솟아오르는 것으로 나무의 잎과 줄기가 자라는 것을 말하며 여름의 기운을 상징한다.

청년기이며 불의 양기가 확산하고 분열되어 화려하게 펼쳐나가는 모습을 의미한다.

土는 가색(稼穡)이라고 하여 땅에 씨앗을 뿌려서 수확하는 것으로 성장을 멈추고 수렴하는 것을 의미하며 환절기에 해당한다.

화기의 분열작용을 거두고 수렴과정을 원활하게 조절하며 조직을 의미한다.

金은 종혁(從革)이라고 하여 모든 성장을 멈추며 입이 마르고 열매를 맺어 떨어뜨리는 것을 의미하며 가을의 기운이다.

장년기이며 확산하는 기운을 수렴하여 결실을 거두고 결단력을 의미한다.

水는 윤하(潤下)라고 하여 수기가 위에서 아래로 흐르는 것을 뜻하며 씨앗을 저장하고 수렴하는 것을 의미한다.

겨울의 기운이고 노년기, 휴식기이며 안정과 휴식을 뜻하고 저장하여 보관하는 기운을 의미한다.

오행의 순환과정을 자연계에서 계절을 기준으로 하면 木의 기운에 해당하는 봄은 나무가 자라고, 火의 기운에 해당하는 여름은 꽃을 피운다.

金의 기운에 해당하는 가을은 열매가 맺혀서 결실을 보고, 水의 기운에 해당하는 겨울은 응집과 다시 봄을 기다리는 순환과정을 반복한다.

간절기에 해당하는 계절의 사이사이 土 기운이 있으며, 같은 오행의 土지만 계절마다 흙의 특성은 모두 다르다.

오행에 해당하는 木, 火, 土, 金, 水는 시계방향으로 서로의 힘을 도와주는 상생(相生) 관계를 이루고 있다.

시계방향으로 하나 건너 있는 오행과의 관계는 서로 대립하고 힘을 억제하는 상극(相剋) 관계를 이루고 있다.

사주팔자(四柱八字) 안에서 하나의 오행이 너무 왕 하면 이를 억제하고 통제하며 다스려줄 수 있는 오행이 있어야 길하다.

너무 강한 오행이 도와줄 수 있는 상생 관계에 해당하는 오행이 있으면 강한 기운을 설기(洩氣) 할 수 있으니 기운도 빼주고 미약한 오행을 상생하니 이 또한 길하다.

木의 기운이 너무 왕 하면 이를 제어해 줄 수 있는 金의 기운이 필요하며, 넘치는 木의 기운은 火의 기운을 도와주면서 설기(洩氣) 할 수 있다.

하지만 木의 기운만 너무 왕하고 정작 金의 기운이 있어도 미약하면 제대로 木을 다스리지 못하여 오히려 해를 당한다.

火의 기운이 있어도 미약하면 木의 강한 기운으로 불이 꺼지기 때문에 제어하고 설기를 하는 기운의 상대적 힘도 잘 살펴봐야 한다.

오행은 음양이 함께 있어서 서로 맞물려 돌아가고 있으니 자연의 원리를 이해하면 곧 인간을 이해할 수 있는 지혜가 여기에 담겨 있다.

1) 상생(相生) 관계

대자연의 법칙은 끊임없이 흘러가고 나아가는 성질을 가지고 있다. 우리가 살아가고 있는 지구상에도 모든 만물이 음양오행의 법칙에 따라서 움직인다.

상생(相生)이란 오행 간에 기본적으로 협력하는 관계로 온화하며 '도와주다, 베풀다, 다정하다' 등의 의미를 지니고 있으니 대체로 길하다.

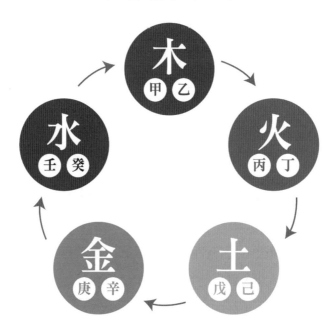

〈 오행(五行)의 상생 도표 〉

(1) **木生火** : 불은 스스로 탈 수가 없고 나무를 태워서 더 크게 빛을 발한다.

(2) **火生土** : 흙은 불의 기운을 받아 생명력을 갖고 작물을 키울 수 있으며 불이 타서 재가 남으면 흙이 된다.

(3) **土生金** : 금은 흙 속에서 생성되며 흙은 오랜 시간이 지나면 퇴적되어 쇠가 된다.

(4) 金生水 : 물은 지하 암반의 금석 사이에서 생성되고 금속의 찬 성질이 물을 만들며 맑게 정화한다.

(5) 水生木 : 나무는 물의 도움을 받아야만 잘 자라게 된다.

상생(相生)은 그 성질작용이 서로 친화하고 도와주며 상호 발전을 도모하는 순리적인 관계라고 볼 수 있다.

협조성이 많고 성과를 공유함으로 온화한 작용을 하니 안정되어 편안하고 길하다.

반면 서로 상생하는 관계에 있어서 木生火의 경우 木 기운이 너무 작으면 그 결과가 미약하다.

木의 기운이 너무 넘쳐서 지나치게 상생하면 오히려 지나친 간섭으로 생을 받는 火가 꺼질 염려가 있다.

火生土의 경우 火의 기운이 약하면 그 결과가 미약하다.

火의 기운이 너무 넘쳐서 지나치게 상생하면 흙은 아무것도 키울 수 없고 가물어 메말라 갈라지는 땅이 되어 버린다.

土生金의 경우 土의 기운이 약하면 그 결과가 미약하다.

金의 기운이 너무 넘쳐서 지나치게 상생하면 흙 속에 매몰되어 묻혀 버리니 金은 빛을 발하기가 어렵다.

金生水의 경우 金의 기운이 약하면 그 결과가 미약하다.

金의 기운이 너무 넘쳐서 지나치게 상생하면 물이 오히려 혼탁하다.

水生木의 경우 水의 기운이 약하면 나무가 메마르게 된다.

水의 기운이 넘쳐서 지나치게 상생하면 나무가 썩을 수밖에 없다.

상생은 분명 길하지만, 무조건 좋은 것만은 아니며 오히려 과하면 더 큰 상극이 될 수 있다는 것 또한 기억해야 한다.

팔자의 형태에 따라서 순리를 따르지 않고 반대로 生을 할 수 있는 역생(逆生)도 있다. 계절과 조후(調候)에 따라서 달라지니 잘 살펴본 후 판단해야 한다.

2) 상극(相剋) 관계

상극(相剋)이란 두 개의 사물이 서로 대립하여 맞지 않으니 부딪치고 충돌하는 의미가 있다. 오행 간에 이기고 억제하는 상극관계는 견제하는 뜻이 있어서 대체로 흉하다.

상대를 무시하거나 제압하는 것을 뜻하니 지나친 간섭과 억압으로 통제하고 군림하는 의미로 가두고 지배하려 한다.

〈 오행(五行)의 상극 도표 〉

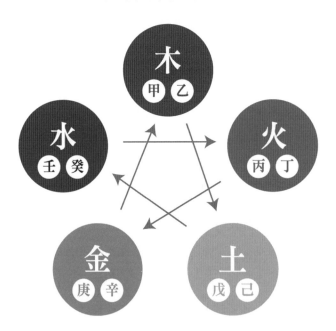

크레온의 사주명리학

(1) **木剋土** : 나무는 흙 속의 영양분과 수기를 빼앗으며 뿌리로 흙을 괴롭힐
  수 있다.

(2) **土剋水** : 흙은 물을 빨아들이고 흙탕물을 만들기도 하며 제방을 쌓아서 물
  을 가둘 수 있다.

(3) **水剋火** : 물은 불을 끄고 제어하며 억제할 수 있다.

(4) **火剋金** : 불은 금을 녹여서 제련할 수 있다.

(5) **金剋木** : 금은 연장으로 만들어져서 나무를 벨 수 있다.

상극(相剋)은 대체로 나쁘게 작용하고 흉하다. 하지만, 필요에 따라서 좋은 영향을 줄
수도 있으며 오히려 적당한 극은 자극이 되어 긴장과 함께 발전성을 결합하기도 한다.

생(生)을 할 때 보다 좋게 작용할 때도 있으며 너무 많아서 넘치는 기운을 극하고 제
어하는 능력이 생기면 오히려 사주가 균형을 이루게 된다.

철광 덩어리를 적당한 불로 녹이고 제련하여 보석과 같은 귀중품으로 만들 수 있다.

금이 나무의 쓸데없는 가지를 제거해 줌으로써 나무의 모양새를 반듯하게 자라게
할 수 있다.

하지만, 극을 당하는 오행의 기운이 넘치면 오히려 극 하는 오행이 감당하지 못하여
역으로 당할 수도 있다.

木이 土를 剋 하여도 흙의 기운이 너무 많으면 오히려 나무가 상한다.

土가 水를 剋 하여도 물의 기운이 너무 많으면 흙이 물에 씻겨서 오히려 물속에 잠
긴다.

水가 火를 剋 하여도 불의 기운이 너무 많으면 물이 증발하여 사라진다.

火가 金을 剋 하여도 쇠의 기운이 너무 강하면 불이 오히려 꺼진다.

金이 木을 剋 하여도 나무의 기운이 너무 많으면 도끼가 부러진다.

상생은 선(善)이고 상극은 악(惡)이라고 하지만, 항시 그런 것만은 아니다.
전체의 기운과 조후(調候)를 잘 살펴본 후 사주의 균형과 조화로움을 보고 판단해야
감명의 실수를 줄일 수 있다.

3. 오행(五行)의 속성

〈 오행(五行) 속성표 〉

五行	木	火	土	金	水
五臟	간(肝)	심(心)	비(脾)	폐(肺)	신(腎)
五腑	담	소장	위	대장	방광
五系	신경계	순환계	근육계	호흡계	혈액계
五體	근/힘줄	피/혈관	살/지방	피부	뼈
五官	눈	혀	입	코	귀
五志	바람(風)	더위(熱)	습기(濕)	건조(燥)	냉기(寒)
五季	봄(春)	여름(夏)	환절기	가을(秋)	겨울(冬)
五色	청(靑)	적(赤)	황(黃)	백(白)	흑(黑)
五味	신맛	쓴맛	단맛	매운맛	짠맛
五方	동(東)	남(南)	중앙(中)	서(西)	북(北)
五常	인(仁)	예(禮)	신(信)	의(義)	지(智)
天干	甲 乙	丙 丁	戊 己	庚 辛	壬 癸
地支	寅 卯	巳 午	辰戌丑未	申 酉	亥 子
方合	寅卯辰	巳午未		申酉戌	亥子丑
三合	亥卯未	寅午戌		巳酉丑	申子辰
先天數	3	2	5	4	1
後天數	8	7	10	9	6

우주가 변화하는 과정의 순환 이치에 따라서 영향을 받는 인간은 생성하고 소멸하기도 한다.

음양의 이치다음으로 오행(五行)의 속성을 알기 위해서 근본적으로 사계절에 해당하는 봄, 여름, 가을, 겨울의 변화와 기상을 살펴보면 쉽게 이해할 수 있다.

목(木)에 해당하는 간은 지나친 바람을 싫어하고, 화(火)에 해당하는 심장은 지나치게 강한 열을 싫어한다.

토(土)에 해당하는 비장은 지나친 습기를 싫어하고, 금(金)에 해당하는 폐는 지나치게 건조한 것을 싫어하며, 수(水)에 해당하는 신장은 지나치게 차가운 것을 싫어한다.

싫어한다는 것은 그 기운에 지나치게 노출되면 해당하는 장부가 병이 든다는 것을 의미하는데 오행의 속성을 잘 구분하면 사주팔자 안에서 각 개인의 건강을 간명할 수 있다.

1) 목(木)의 속성

오행(五行) 중의 목(木)에 해당하는 봄은 나무가 위로 뻗어 나가는 특성이 있어서 간과 담의 기운이 실하지만, 지나치면 경련증세가 나타나기도 하고 너무 지나치면 풍이 될 수 있다.

간의 기능이 저하되면 모발이 거칠어지고 피부에 윤기가 없으며 울화병이나 생리불순의 원인이 되기도 한다.

음주를 즐기지 않아도 간의 이상이 생겨 병이 될 수도 있다.

간은 혈을 저장하고 담즙을 생산하여 담낭에 보관하며 해독작용을 하고 십이지장으로 내려보낸다.

담즙은 직접적인 소화 효소는 아니지만, 지방이나 지용성 비타민이 소화와 흡수를 할 때 중요한 작용을 한다.

간은 특히 눈과 직결되어 영향을 미치며 목과 근육, 손톱, 발톱 등에도 영향을 준다.

간의 기운이 지나치게 활발하면 봄에 위험하지만, 기운이 지나치게 약하면 극을 받는 가을에 명(命)을 다하는 경우가 발생할 수 있다.

간이 약하면 심장과 소장을 도와주는 힘이 약해지고, 간이 도움을 받는 신장과 방광에 부담을 주게 된다.

2) 화(火)의 속성

오행(五行) 중의 화(火)에 해당하는 여름은 불꽃같이 발산하는 기운이니 심장이 따뜻하지만, 지나치게 열이 발생하면 인지능력이 떨어지게 된다.

땀의 배출이 지나쳐서 혈액이 응고되어 혈전이 발생할 위험이 생기며 근심과 걱정이 많아지거나 심근경색이 올 수 있다.

심장에 이상이 생기면 혀에 증세가 나타나고 미각이 둔해지며 어깨에 통증이 발생하기도 한다.

심장의 기운이 지나치게 활발하면 여름에 위험하지만, 기운이 지나치게 약하면 극을 받는 겨울에 명(命)을 다하는 경우가 발생할 수 있다.

생명을 주관하는 심장은 혈액을 전신으로 순환시키는 역할을 하며, 심장의 상태는 얼굴에 나타나 창백하거나 붉어지기도 한다.

심장이 약하면 비장과 위장을 도와주는 힘이 약해지고, 심장이 도움을 받는 간과 담에 부담을 주게 된다.

3) 토(土)의 속성

오행(五行) 중의 토(土)에 해당하는 휴지기와 장마철은 비장이 습하지만, 지나치게 습하면 땀이 나고 기분이 저하되며 피로감과 함께 몸의 기능이 저하된다.

비장은 혈액을 만드는 역할과 함께 면역체(免疫體)를 만들어 저장하는 역할을 하며 림프구를 만들어 노쇠하여 쓸모없는 적혈구를 파괴하는 역할을 한다.

비장과 짝을 이루고 토(土)에 해당하는 위장은 섭취한 음식물을 잘 섞고 분해하여 흡수와 배출을 담당한다.

위장의 기운이 과하면 변비가 나타나고 기운이 약하면 설사가 나타나며 비만, 하지통증, 당뇨 등과 연관이 있다.

비장의 기운이 지나치게 활발하면 장마철이나 환절기에 위험하지만, 기운이 지나치게 약하면 극을 받는 봄에 명(命)을 다하는 경우가 발생할 수 있다.

비장이 약하면 폐와 대장을 노와주는 힘이 약해지고, 비장이 도움을 받는 심장과 소장에 부담을 주게 된다.

4) 금(金)의 속성

오행(五行) 중의 금(金)에 해당하는 가을은 열매가 익어 결실을 가지는 기운이다.

폐는 건조한 기운이지만, 지나치면 기침이 잦아지고 호흡기의 주요기관으로 기를 저장하며 천식과 기관지에 영향을 미친다.

폐에 이상이 생기면 비염이나 축농증과 같은 코에 관련된 질환을 발생한다.

폐의 기운이 지나치게 활발하면 가을에 위험하지만, 기운이 지나치게 약하면 극을 받는 여름에 명(命)을 다하는 경우가 발생할 수 있다.

폐가 약하면 신장과 방광을 도와주는 힘이 약해지고, 폐가 도움을 받는 비장과 위장에 부담을 주게 된다.

5) 수(水)의 속성

오행(五行) 중의 수(水)에 해당하는 겨울은 저장하는 기운으로 신장은 서늘하지만, 지나치게 서늘하면 추위를 심하게 타고 몸에 병이 든다.

신장은 수분과 염도를 조절하고 몸속에 노폐물을 오줌으로 배출하는 역할을 한다.

중이염, 이명, 허리통증, 생리불순, 전립선 등 생식기와 관련된 질환에 영향을 미친다.

신장에 이상이 발생하면 몸이 붓고 염기의 조절이 원활하지 못하여 고혈압을 발생하기도 한다.

신장의 기운이 지나치게 활발하면 겨울에 위험하지만, 기운이 지나치게 약하면 극을 받는 휴지기와 환절기에 명(命)을 다하는 경우가 발생할 수 있다.

신장이 약하면 간과 담을 도와주는 힘이 약해지고, 신장이 도움을 받는 폐와 대장에 부담을 주게 된다.

    오행의 강, 약과 상생, 상극 외에 합과 충을 이해하면 장부의 허증(虛症)과 실증(實症)을 구분할 수 있다.

    각 개인이 선천적으로 타고난 건강을 감명할 수 있으며 운을 보면 병이 오는 시기도 알 수 있다.

    타고난 사주팔자의 부족한 오행에 해당하는 색깔과 방향, 음식 등을 알아보고 건강에 도움이 되며 실생활에서도 좋은 기운이 생길 수 있도록 개운법(開運法)을 제시해 줄 수 있다.

천간(天干)과 지지(地支)

III
천간(天干)과 지지(地支)

1. 10개의 천간(天干)

천간(天干)은 갑(甲), 을(乙), 병((丙), 정(丁), 무(戊), 기(己), 경(庚), 신(辛), 임(壬), 계(癸)를 말하며 모두 10개이니 10천간(十天干)이라고 한다.

10년을 주기로 6번 순환하는데 지지와 짝을 이루어 크게 60년을 주기로 순환한다.

⟨ 10천간(十天干) ⟩

五行	木		火		土		金		水	
天干	甲	乙	丙	丁	戊	己	庚	辛	壬	癸
陰/陽	양	음	양	음	양	음	양	음	양	음

우주의 모든 생명은 하늘과 땅의 기운(氣運)을 받아 살아가고 있으며 날씨와 기온의 영향을 받는다.

10개의 천간(天干)은 크게 양(陽)의 기운으로 하늘의 기운을 상징하며 형이상적이고 보이지 않는 추상적인 것을 의미하기도 한다.

손에 잡히지 않는 기운으로 현실에 드러나지 않으니 구체적으로 간섭도 없으며 인생 전반의 기운이고 방향성과 근본적인 성향으로 해석한다.

사회적인 지위나 활동을 의미하며 능동적이고 기운이 열려 있으니 단순하고 쉽게 구분해서 감명할 수 있다.

천간의 기운은 근본적으로 양의 기운이지만, 그중에서 같은 오행을 음의 기운과 양의 기운으로 구분할 수 있다.

오행으로 구분하면 甲과 乙은 木에 해당하고 그중에서 甲은 양목(陽木)이고 乙은 음목(陰木)으로 구분한다.

오행으로 구분하면 丙과 丁은 火에 해당하고 그중에서 丙은 양화(陽火)이고 丁은 음화(陰火)로 구분한다.

오행으로 구분하면 戊와 己는 土에 해당하고 그중에서 戊는 양토(陽土)이고 己는 음토(陰土)로 구분한다.

오행으로 구분하면 庚과 辛은 金에 해당하고 그중에서 庚은 양금(陽金)이고 辛은 음금(陰金)으로 구분한다.

오행으로 구분하면 壬과 癸는 水에 해당하고 그중에서 壬은 양수(陽水)이고 癸는 음수(陰水)로 구분한다.

1) 천간(天干)의 특성

(1) 목기(木氣) - 곡직성(曲直性)

木의 기운은 굽고 곧은 성질이 있고 봄에 가장 왕성하며 가을에 쇠약하다. 건실한 유년기를 나타내며 만물을 깨어나게 하는 기운으로 인(仁)을 뜻한다.

청소년 관련 분야나 교육계통에 관심이 많으며 착하고 어진 마음으로 인자하고 온화한 성격이다.

팔자에 오행이 조화롭지 못하면 낙천주의자가 많고 놀기를 좋아하니 용두사미가 많다.

기운이 너무 태왕(太旺) 하면 어리석고 우둔하며, 태약(太弱) 하면 인정이 없고 냉정하다.

① 갑(甲)

갑(甲)은 양목(陽木)으로 소나무, 전나무 등의 큰 나무를 의미하며 하늘로 치솟아 올라가려는 성질이 강하여 시작, 개척, 발전, 상승 등을 의미한다.

큰 대들보로 분류하니 듬직하면서 정직하고 추진력도 좋아서 남을 이끌어가는 기질이 뛰어나다.

통이 크고 오직 위로 뻗으려는 성향이 있으니 자존심이 너무 강하며 독불장군 기질이 있다.

주위 사람을 무시하는 성향을 가지고 있어서 지배를 받기 싫어하며 그로 인해서 주변과 고립되는 경향이 있다.

자신이 최고가 되어야 직성이 풀리는 성격으로 주변 환경에 문제가 발생하면 시기와 질투심이 많아지고 타인의 성공을 인정하지 않으려 한다.

환경에 절대적인 영향을 받으며 자신의 단점에 대한 핑계가 많아서 남의 탓으로 돌리는 성향이 있다.

매사에 시작은 잘하고 마무리가 부족하며 자기중심적이다.

② 을(乙)

을(乙)은 음목(陰木)으로 작은 나무, 꽃, 화초, 칡넝쿨 등을 의미하며 높이 치솟기보다는 땅을 비집고 올라오는 생명력이 뛰어나다.

어질고 온순하며 내적인 면이 강한 외유내강형이다.

살아있는 생목으로 분류하며 주변의 상황에 따라서 변화를 가질 수 있는 초목이다.

초지일관하기보다는 어떤 환경에서도 적응할 수 있는 능력이 탁월하며 주변 상황을 빠르게 판단하고 잘 이용할 줄 안다.

매사에 긍정적이고 적극적이며 화려함을 추구하면서도 내실을 중요하게 여긴다.

예쁜 것을 좋아하고 음악에 관심이 있으니 예술적인 면이 뛰어나지만, 연애감정이 풍부하여 바람기가 다분하다.

굴신 성향이 있고 은근히 남에게 의지하려 하며 변덕이 잦으니 비위 맞추기가 어렵다.

乙 일주가 상관(傷官)이 발달하면 말재주가 대단하다.

(2) 화기(火氣) - 염상성(炎上性)

火의 기운은 위로 타오르고 강한 빛을 발산하는 성질을 가지고 있으며 여름에 가장 왕성하고 겨울에 가장 쇠약하다.

인생의 꽃을 활짝 피우는 의미를 뜻하니 쾌활하고 활기차며 청년기를 나타낸다.

만물을 품으며 예(禮)를 의미하니 예의는 바르고 성격은 적극적이다.

기본적으로 빛과 온기를 나타내는 불은 발산하고 싶은 욕망이 강하니 표현하는 능력과 문장력이 뛰어나다.

반면 사치가 심하고 자칫 말이 많아지는 경향이 있어서 실수가 빈번해질 수 있다.

기운이 태왕(太旺) 하면 성급하고 과격하며, 태약(太弱) 하면 의지가 약해지고 예의가 없다.

① 병(丙)

병(丙)은 양화(陽火)로서 자체적으로 빛과 열기를 발산하는 기운으로 태양을 의미한다.

정열적이고 예의가 바르며 포부가 원대하여 보스기질이 있다.

양(陽)의 기운을 가장 많이 내포한 병화는 속으로 다른 마음을 품지 않고 복수심이
나 핑계를 대지 않으며 뒤끝이 없다.

개성이 강하고 자기중심적인 성향이 강하며 화려한 것을 좋아하고 솔직 담백하다.

매사 일을 처리할 때 능수능란하여 장남인 경우가 많으며 차남으로 태어났어도 맏
이 역할을 해야 하는 경우가 흔하다.

자체적으로 빛과 열기를 발산하는 기운으로 감정이 예민하고 바른말을 잘하며 매사
에 싫증을 잘 느낀다.

남을 의식하지 않고 일방적이고 독선적인 행동으로 타인과 마찰이 빈번해지며 그로
인하여 주변에서 배척을 당하고 고독한 일생을 보내기가 쉽다.

마음에 잘 담아두지 않으니 남의 비밀을 지켜 주기는 어렵다.

불같은 성질로 인해서 자신이 손해를 보는 일이 많고 타인의 문제에 괜히 끼어들어
구설이 잦다.

현실보다 이상과 명예를 추구하니 가족 간에 마찰이 심하다.

② 정(丁)

정(丁)은 음화(陰火)로서 적당한 빛과 따뜻한 온기가 나타나는 촛불, 모닥불, 성냥
불, 용광로, 화롯불, 횃불 등을 의미한다.

자체적으로 빛을 발산하거나 온기가 나타나지는 않으니 주변 환경의 절대적인 영향
을 받으며 다양한 형태로 나타난다.

지혜가 있고 예의가 바르며 성품이 밝고 따뜻하여 주위분위기를 밝게 하는 능력이
있다. 화술이 뛰어나고 사교적이며 거짓말을 하지 못하고 희생정신과 봉사하는 마음
이 대단하며 가정적이다.

자존심과 집념이 강해서 정신력이 뛰어나고 예술적인 재능이 풍부하며 용모와 의복
이 단정하다.

육십갑자 중에 가장 패션 감각이 뛰어나다.

연애감정이 풍부하니 질투심이 강하며 인기를 독점하고 싶은 성향이 크다.

발산하는 기운을 가지고 태어났으니 감정을 숨기거나 이중적이지는 않다.

하지만, 환경이 불안정하면 때와 장소를 구분하지 못하고 자기 위주의 감정을 표출하여 주위 사람을 불편하게 만드는 성정을 드러낸다.

변덕이 많고 남의 일에 무관심해 보이지만, 느닷없이 표출하여 옳고 그름을 표시 나도록 따져서 공연히 미움을 사는 경우가 있다.

(3) 토기(土氣) - 가색성(稼穡性)

土의 기운은 온갖 곡식과 초목을 심고 가꾸어 수확하며 결실을 보게 되는 의미이다.

사계절 사이사이 辰, 未, 戌, 丑에 해당하는 月에 가장 왕성하다.

여름에는 火生土를 하여 생(生)을 받으니 왕성하고, 봄에는 木剋土를 당하니 쇠약하다.

온화하지만 통솔하려는 성향이 있으며 신(信)을 뜻하여 성실하고 신뢰성이 있는 성격이다.

신의는 있으나 무뚝뚝한 면이 많고 애교가 없으니 연애감정이 부족하여 사교적이지가 못하다.

기운이 태왕(太旺) 하면 과묵하고 비밀이 많으며 우울한 성향이 있고, 태약(太弱) 하면 신의가 없고 경망스럽다.

① 무(戊)

무(戊)는 양토(陽土)이고 아직 화기(火氣)가 남아있으니 건토(乾土)라고도 하며 황무지, 메마른 고원, 큰 산 등을 의미한다.

생명체가 자라기에는 마땅하지 않은 땅이지만, 수로를 만들어서 물을 공급하면 초목이 생장할 수 있는 흙이 될 수 있다.

흙으로서 의무와 역할을 다하기 위해서는 목이 생장할 수 있는 적당한 환경을 갖추고 있어야 한다.

나무를 생장하기 위해서 반드시 물이 필요하니 水의 기운을 추구하는 마음이 대단하다. 土는 木의 생장을 위해서 희생하는 오행이니 기본적으로 희생과 봉사의 마음을 지니고 있다.

대장부의 기질로 풍성함과 여유가 있으며 아량이 넓고 후덕하다.

환경의 변화에 둔감하고 주변을 의식하지 않으며 대인관계는 믿음과 신뢰를 중요하게 여긴다.

계절의 중간에 위치하기 때문에 항상 중심을 지키고 주체의식이 강하며 자신의 주관을 관철(貫徹)시키는 능력이 있어서 인간관계나 사회생활에서는 중용(中庸) 작용을 잘한다.

반면 사주가 전체적으로 불안정하거나 편중이 되면 자신의 능력이나 분수에 맞지 않는 재물과 이성을 탐하는 천박한 사람이 되기도 한다.

무뚝뚝하고 무표정하여 인정이 없어 보이며 융통성이 부족하고 외고집은 누구도 꺾을 수 없다.

남의 말을 잘 듣지 않는 아집이 강하고 독선적이며, 그로 인해서 교만하다는 오해의 소지가 다분하다.

② 기(己)

기(己)는 온기보다는 습기와 냉기를 더 많이 내포하고 있는 음토(陰土)이니 습토(濕土)라고도 한다.

적당한 조건을 갖추었는지 잘 살펴보아야 하며 너무 메마르거나 장마철의 많은 물에 의해 토사로 뒤덮이면 본연의 역할을 하기가 어렵다.

넓은 뜰, 정원, 밭, 새로운 생명 잉태, 순박, 자애로움, 어머니의 마음 등을 의미하니 남의 심정을 잘 헤아려 주는 성품과 신용이 있다.

효심이 있고 언행이 일치하며 성실하고 자기 본분을 지키면서 일에 충실한 성향은 타고났다.

戊 보다 오히려 성향은 강하지만, 주변 환경의 지배와 영향을 잘 받으니 그로 인한 감정변화가 심하다.

계절에 따라서 木이 생장할 수 있는 조건을 갖추고 있으면 甲을 향한 마음이 강력해진다. 木이 극 하는 선택을 일방적으로 받아들여야 하니 지나치게 주변을 의식하는 성향을 지닌다.

현실적이고 안정 지향적이며 가정 위주의 생활 태도를 지녔으며 화술에 능한 편으로 중립적인 역할을 잘한다.

두뇌 회전이 빨라서 습득능력은 탁월하지만, 시야가 좁고 의심이 많아서 경솔한 행동으로 실패의 경우가 있다.

투기와 금전거래는 금기하고 직장이나 관직을 얻어서 월급을 받는 생활을 하면 길하다.

어수룩해 보이나 자기 실속은 다 챙기는 이기주의적 성향이 있으며 매사에 의심이 많고 보기보다 신경이 예민하며 까다롭다.

(4) 금기(金氣) - 종혁성(從革性)

金의 기운은 제련되거나 주변의 환경에 의해서 다양한 형체로 바뀜을 의미한다.

결실을 본 후 온갖 농작물을 수확하는 의미가 있으며 가을에 가장 왕성하고 여름에 가장 쇠약하다.

과감하고 용단이 있으며 장년기를 나타내고 의(意)를 뜻하니 의리가 있다.

엄격한 성격으로 냉정하며 대립과 투쟁심이 강하다.

기운이 태왕(太旺) 하면 살벌하고 냉정하며, 태약(太弱) 하면 결심이 약하고 결단력도 부족하다.

① 경(庚)

경(庚)은 양금(陽金)으로 단단한 물체를 총괄적으로 뜻하며 자연상태의 원석이나 바위, 무쇠, 철광, 총 등을 의미한다.

단단한 흙무덤의 土에서 金으로 변화한 것을 의미하지만, 너무 많은 흙에 뒤덮여 있으면 金의 역할을 다하기가 어렵게 된다.

火氣로 적당히 제련하여 깨끗한 물을 생성해야만 금의 역할을 제대로 발휘할 수 있다.

결실, 새로운 질서, 창조, 개혁, 의협심, 정의감 등을 나타내며 강자에게는 대항하고 약자를 도와주는 희생정신이 있다.

지도력과 통솔력이 뛰어나며 결단력이 좋아서 강하게 밀어붙이는 추진력은 탁월하다.

사람으로서 지켜야 할 바른 도리를 다하고 성품이 순수하며 비계산적이다.

쉽게 인간관계를 맺기는 어려우나 한번 맺은 인연은 지속하려는 마음이 강하며 일상생활에서 문제가 발생하면 스스로 해결하는 강한 의지가 있다.

단단한 만큼 소신은 뚜렷하고 결단성은 강하지만, 고집이 세고 융통성은 부족하다.

천진난만한 성품을 가져서 마음이 여린 면이 있으며 겉보기와 다르게 눈물이 많고 의리만 따지다가 자기 실속이 약해지는 경향이 있다.

본성은 청순하나 건달 기질이 있고 독선적이며 차갑다.

이성에게 쉽게 정을 주지 않으나 한번 빠지면 헤어 나오기가 어렵다.

군인, 경찰, 검찰, 스님, 목사, 무속인 등과 관련된 직업에 인연이 많다.

② 신(辛)

신(辛)은 음금(陰金)으로 일상생활에서 필요한 각종 생필품을 뜻하며 칼, 침, 농기구, 보석, 서리, 모래, 자갈 등을 의미한다.

만고풍상을 거쳐서 생성된 물체이니 두려울 것이 없고 거침이 없으며 내적으로 대단히 강직한 면을 지닌다.

새로운 시작, 처음, 모체로부터 떨어지는 고통 등을 의미하며 섬세하고 깔끔하며 야무지다.

매사에 처리가 정확하고 치밀하며 항상 새로운 것을 추구하고 멋을 아는 장점이 있다.

외모에 신경을 많이 쓰고 유행에 앞서가며 자존심이 강하고 명예를 존중하여 무엇이든 성취하려는 기질과 단호함이 있다.

辛은 보석과 같은 역할을 하고 싶기에 자신을 돋보이기 위한 언행을 일삼는다.

이러한 역할을 하기 어려운 형국이면 주변을 탓하거나 원망하며 극단적인 행동을 서슴없이 하기도 한다.

너무 신강(身强) 하면 냉정하고 단호하며 때로는 살기를 띠기도 하여 배우자나 주변 사람이 버거워한다.

과시욕이 강하고 타인이 인정해주기를 바라는 마음이 앞서서 주변을 지나치게 의식한다. 강한 정신력의 소유자로 단호할 때는 차갑지만, 본성은 온순하고 부드러운 성품을 지녔다.

반면 자존심이 강하고 욕심이 많으며 은근히 자기가 최고라는 자아도취에 빠져서 타인들에게 눈총과 비난을 받을 수 있다.

안정감이 부족한 형국이면 다혈질적이고 주변인과의 마찰이 잦아서 고독한 일생을 보내기가 쉽다.

침을 놓는 의사직업이 많으며 남녀 모두 성적으로 밝히는 성향이 강하다.

(5) 수기(水氣) - 윤하성(潤下性)

水의 기운은 위에서 아래로 흐르고 높은 곳에서 낮은 곳으로 흐르는 성질을 가지고 있다. 수확한 농작물을 저장하거나 보관하는 생명체로서 역할을 마감하는 의미가 있다.

겨울에 가장 왕성하고 여름에 약해지며 土剋水를 받는 辰, 未, 戌, 丑에 해당하는 月에 가장 쇠약하다.

노년기이고 지(智)를 의미하니 지혜가 있으며 담백하고 냉정하다.

분명한 성격으로 차가우며 너무 깊으면 속을 알 수 없으니 음흉한 구석이 있다.

기운이 태왕(太旺) 하면 음침하고 예의가 없으며 권모술수에 뛰어나고, 태약(太弱) 하면 도량이 좁고 우울한 성향이 강하며 어리석어 보인다.

① 임(壬)

임(壬)은 양수(陽水)로서 물의 양이 많으며 수심이 깊고 넓은 큰 바다, 호수, 맑은 강물 등을 뜻한다.

맑고 깨끗한 청수(淸水), 마실 수 있는 물, 새로운 생명의 준비 등을 의미한다.

선천적 두뇌가 명석하고 선견지명은 타의 추종을 불허한다.

다방면으로 박식하고 성품이 물처럼 깨끗하며 바다처럼 넓은 마음이 있다.

사람을 가리지 않으며 끌어당기는 힘과 응집력이 강하고 유연성과 순발력이 뛰어나며 포용력과 융통성도 대단하다.

아래로 흐르는 성질이니 뛰어난 사람 앞에서는 자신을 낮출 줄 아는 마음이 있으나, 때에 따라서 상대를 아예 무시하는 성향도 있다.

물은 흘러야 하니 사는 동안 안정을 찾기가 힘들고 그에 따른 스트레스가 많으며 도박과 같은 허망한 욕심에 빠지기도 한다.

깊이를 알 수 없으니 속마음을 남에게 잘 내비치지 않으며 그로 인해서 음흉해 보일 수 있다.

비밀이 많다는 오해를 살 수 있으며 애정 면으로 정이 헤프다.

② 계(癸)

계(癸)는 음수(陰水)로서 산골짜기 물, 비, 안개, 흙탕물 등을 의미하며 음(陰) 중에 음이라고 할 수 있다.

초목이 생장할 수 있는 환경을 갖추는데 일조하는 역할을 하며 청수로서 환경의 지배적인 영향을 받는다.

더위를 식혀주고 가뭄을 해결해주는 역할은 할 수 있으나, 가뭄으로 강한 열기에 증발할 수도 있고 오염되거나 흙탕물로 변하면 본연의 역할을 다하기는 어렵다.

지모가 뛰어나고 아이디어가 특출하며 준법정신이 강하다.

임기응변에 능하며 매사가 노력하는 형으로 희생, 봉사하는 마음과 타협 정신으로 마음 씀씀이가 자상하다.

깨끗한 물은 주변 환경으로 인해서 오염되기 쉬우니 환경에 따라서 불량하고 메마른 성품과 난폭한 행동으로 타인을 공격하기도 한다.

까다롭고 냉소적인 사고와 행동으로 주위에서 소외당하거나 자칫 고독한 일생이 되기도 한다.

아는 것에 비해 실천이 부족하고 남의 일에 말로는 간섭을 잘하지만 별로 도움이 되지 않는다.

줏대가 없어 보이고 자기 꾀에 자기가 빠져서 남을 원망하는 습성이 있으며 이기적인 면모가 많다.

이러한 천간 오행의 특성도 영향을 미치는 주변 오행에 따라서 성향이 달라질 수 있으며 신강과 신약에 따라서도 드러나는 성정이 모두 다르니 근본을 알고 미치는 영향을 살펴본 후 판단해야 한다.

지지(地支)는 자(子), 축(丑), 인(寅), 묘(卯), 진(辰), 사(巳), 오(午), 미(未), 신(申), 유(酉), 술(戌), 해(亥)를 말하며 모두 12개로 12지지(十二地支)라고 한다.

12년을 주기로 5번 순환하는데 천간과 짝을 이루어 크게 60년을 주기로 순환한다.

태어난 년(年)을 기준으로 12지(十二支)에 해당하는 12동물을 대입하여 "띠"라고 한다.

〈 십이지(十二支) 〉

五行	木	木	土	火	火	土	金	金	土	水	水	土
地支	寅	卯	辰	巳	午	未	申	酉	戌	亥	子	丑
陰/陽	양	음	양	음	양	음	양	음	양	음	양	음
띠	범	토끼	용	뱀	말	양	원숭이	닭	개	돼지	쥐	소

지지(地支)는 음(陰)의 기운으로 땅에 기운을 상징하며 미묘하고 복잡하며 질적(質的) 의미가 있다.

방위적으로는 동서남북 및 중앙을 관장하고 계절적으로는 춘하추동(春夏秋冬)을 나타내며 각각 음양오행에 배속되어있다.

지지의 기운은 근본적으로 음의 기운이지만, 같은 오행에 해당하는 지지 중에서도 음과 양의 기운으로 구분할 수 있다.

오행으로 구분하면 寅과 卯는 木에 해당하고 그중에서 寅은 양목(陽木)이고 卯는 음목(陰木)으로 구분한다.

오행으로 구분하면 巳와 午는 火에 해당하고 그중에서 午는 양화(陽火)이고 巳는 음화(陰火)로 구분한다.

오행으로 구분하면 辰, 未, 戌, 丑은 土에 해당하고 그중에서 辰, 戌은 양토(陽土)이고 丑, 未는 음토(陰土)로 구분한다.

오행으로 구분하면 申과 酉는 金에 해당하고 그중에서 申은 양금(陽金)이고 酉는 음금(陰金)으로 구분한다.

오행으로 구분하면 亥와 子는 水에 해당하고 그중에서 子는 양수(陽水)이고 亥는 음수(陰水)로 구분한다.

1) 십이지(十二支)의 특성

(1) 인(寅) - 木氣

인(寅)은 오행 중에 木 기운이고 호랑이띠로 위엄을 갖춘 동물이며 용맹성과 폭발적인 힘을 가지고 있다.

음력 1월이며 詩는 03시 30분~05시 30분 사이이고 인생의 시작을 의미한다.

새로운 생명 탄생 기운이 처음으로 발동하는 때이며 용기, 희망, 계획, 추진력 등을 뜻한다.

첫닭이 울고 동이 트니 사람은 잠에서 깨어날 시간이며 초목은 싹을 틔울 준비를 한다. 초목 중에서는 소나무, 전나무 등과 같이 곧게 자란 큰나무를 총칭한다.

아직 초봄의 나무이니 생목(生木)으로 축축하고 물을 많이 흡수한다. 이런 나무는 환경이 어려우면 완전한 성장이 어려우니 주변을 의식하고 환경을 중요하게 여긴다.

주변이 편하지 않으면 재기가 쉽지 않으므로 남의 탓을 하거나 변명을 일삼게 된다.

남에게 지기 싫어하는 승부 욕은 장점이 되기도 하지만, 과욕을 부리기도 하여 가정이나 재물이 불안정해지기 쉽다.

척추, 큰 골격, 담, 건망증, 탈모증, 위장병 등과 관련된 질환에 주의해야 한다.

역마살에 해당하니 이동수가 많고 실속 없이 잘 돌아다닌다.

(2) 묘(卯) - 木氣

묘(卯)는 토끼띠로 오행 중에 木 기운이며 순수하고 선한 동물로 총명하고 재빠르다. 욕심을 부리거나 강한 동물적인 특성이 나타나지는 않지만, 사랑을 받고 싶은 성향은 매우 강하다.

음력 2월이고 時는 05시 30분~07시 30분 사이이며 날이 밝아오기 시작하는 때이다.

묘월(卯月)에는 木이 왕성한 성장을 하니 작은 꽃, 화초, 잔디, 잡초, 곡물이나 덩굴식물 등 생목(生木)으로 분류한다.

초목에 움이 돋고 약동하는 생명력이 눈에 보이기 시작하며 끈질긴 생명력을 가졌으니 환경에 대한 적응력은 탁월하다.

사랑을 받는 화초로 크기도 하지만, 옥토전답(沃土田畓)을 파헤치는 덩굴식물로 자라기도 한다.

근본적으로 온화하고 총명하며 대인관계에 친화력이 뛰어나고 활기가 넘친다.

매사 긍정적이고 융통성이 좋으며 적극적인 목표 진행을 의미하니 일을 자꾸 확장하려는 성향이 강하다.

계절은 아직 냉기가 가시지 않았으니 완연한 봄도 아닌 것이 그렇다고 겨울도 아닌 것이 어중간하여 '바람 달'이라고도 한다.

습하고 작은 나무를 의미하며 활동이 많은 팔, 다리, 정맥 등과 관련된 질환을 주의해야 한다.

卯를 가지고 있는 팔자는 집은 잘 짓지 않고 거주지와 사업장을 자주 바꾸는 성향이 있으며 바람기가 있다.

골치 아픈 문서의 매매 운은 卯 운(運)에 잘 풀리도록 방편으로 사용하기도 한다.

巳, 午, 未를 만나면 여름 꽃동산이니 풍류를 즐긴다.

(3) 진(辰) - 土氣

진(辰)은 용띠로 오행 중에 土 기운이며 유일한 상상의 동물로 영험하고 상서롭다.

음력 3월이고 時는 07시 30분~09시 30분 사이이며 해가 떠오르면서 불기운이 절정에 이르러 천지의 정기가 완성되며 문명이 태동한다.

꽃을 피우기 위한 준비하는 시기이며 이상을 꿈꾸지만, 변덕이 심하고 비현실적이다.

촉촉하고 넓은 땅으로 나무를 생장하기에 적당한 거름과 습기를 포함하고 있으니 가장 이상적인 땅이기도 하다.

동작의 첫 자리, 왼발, 왼손, 대장 등을 의미하니 관련된 질환을 주의해야 한다.

우두머리의 기질이 있고 야망과 욕망을 내포하고 있어서 양성적 발전을 기대할 수 있으며 근본적으로 추진력이 있는 계절이다.

辰이 丙, 戊, 庚을 만나면 추진력은 더욱 대단해지지만, 허영심이 심하게 되고 곤명(坤命)은 외롭다.

활발한 성품으로 직선적이고 분명한 말씨를 지니며 영적인 능력과 무속인 기질이 나타나는 경우가 있다.

(4) 사(巳) - 火氣

사(巳)는 뱀띠로 오행 중에 火 기운이며 독기를 품고 있으나 깨끗하다. 기회를 포착하면 과감하고 예민하며 사악한 면은 있으나 건드리지 않으면 자신의 본분을 잘 지킨다.

음력 4월이고 時는 09시 30분~11시 30분 사이이며 뱀이 머리를 쳐들듯 화의 기운이 일어나고 목의 기운은 소멸한다.

용광로 불, 화산폭발, 큰불 등을 의미하며 꽃이 피기 시작한다.

오른발, 오른팔, 소장 등을 의미하며 단전의 열 보급로로서 치통, 치질, 피부병 등에 관련된 질환에 주의해야 한다.

사주의 지지에 1개만 있어도 금을 극(剋)하니 대체로 치아의 건강이 좋지 못하다.

영리하고 예의가 바르며 직선적이고 적극적인 면모를 지녔다.

멈출 수 없는 진행 상태이니 다혈질적인 면이 많고 항상 분주하고 바쁘니 안정감이 부족하다.

이성과 쉽게 헤어지니 홀아비, 과부, 이혼자가 많으며 곤명(坤命)은 독신녀로 사는 경우가 흔하다.

건명(乾命)이 巳巳를 사주에 함께 가지고 있는 경우 불, 조명과 관련된 직업을 갖게 되는 경우가 많으며 아내를 일찍 잃는 경우가 있다.

멀리 타국에서 생활하거나 비행기를 타는 승무원, 항공, 해운업 등과 관련된 업종에 종사자가 많다.

⑸ 오(午) - 火氣

오(午)는 말띠로 오행 중에 火 기운이며 순종적인 면은 있지만 얽매이기를 싫어하고 활발하며 적극적이니 왕성한 활동력을 보인다.

음력 5월이고 時는 11시 30분~13시 30분 사이이며 태양이 가장 밝고 뜨거울 때이다.

가장 뜨거울 때지만 여기서부터 태양이 기울기 시작하고 음기가 처음으로 태동한다.

꽃이 만발하는 계절이니 의욕적이고 역동적이며 촛불, 난로, 조명, 등불 등을 의미하니 밝고 온화하며 따스하다.

인정이 넘치고 자신의 감정을 잘 표현하며 예의가 바르고 화술이 뛰어나서 대인관계가 원만하다.

용광로, 폭발, 힘의 결합지 등을 의미하니 추진력과 순발력이 좋아서 통솔자가 많다.

보기와 달리 희생과 봉사 정신이 강하지만, 주변이 불안정하면 도덕과 규율을 지키지 못하고 타인과 불화가 잦아서 난폭성을 드러내기도 한다.

신경성 질환을 조심해야 하며 허리, 당뇨, 열병 등에 관련된 질환에 주의해야 한다.

午月에 태어난 여자는 사회 활동을 적극적으로 참여하면 길하다.

귀금속, 미용, 안경업 등에 종사하는 사람이 많으며 물과 인연이 깊어서 유흥업소도 인연이 있다.

(6) 미(未) - 土氣

미(未)는 양띠로 오행 중에 土 기운이며 순하고 얌전하지만, 끈기와 고집은 대단하다. 안정적이고 자기중심적인 면이 강하며 어려운 환경을 겪어도 극복을 잘한다.

음력 6월이고 時는 13시 30분~15시 30분 사이이며 피부로 삼복더위가 느껴지지만, 내적으로는 가을철 기운을 맞이하는 준비의 시기이다.

결실을 준비하는 시기지만, 아직은 메마른 흙으로 열기가 대단하니 극렬한 분열 기운으로 대립과 갈등이 있는 여름철 말기이다.

성장기, 전성기를 나타내니 자신의 역할에 충실하며 현실에서 문제가 발생하여도 해결능력은 탁월하다.

심한 모욕이나 간섭만 하지 않으면 순한 양이지만, 화술이 뛰어나서 말이 많은 관계로 항상 구설이 뒤따른다.

불을 안고 있는 땅으로 언제 터질지 모르는 분노와 폭동 속에서 살아가니 인내와 자비를 베풀고 살아야 길하다.

요통, 두통, 급성화병, 척추, 위장, 복부, 간경화, 중풍 등에 관련된 질환에 주의해야 한다.

(7) 신(申) - 金氣

신(申)은 원숭이띠로 오행 중에 金 기운이며 임기응변에 능하고 예민하며 변화무쌍하지만 진지한 면은 부족하다.

음력 7월이고 時는 15시 30분~17시 30분 사이이며 일제히 열매를 맺기 시작하는 시기이다.

금의 기운이 들어와서 화의 기운을 포위하여 일시적으로 화기가 극에 달하니 피부로는 아직 더위를 느끼지만, 속으로는 서늘함을 맞이한다.

자연상태의 원석으로 금속, 광물, 침, 연장, 레일, 자동차, 열차 등을 의미한다.

순수하고 정의로우며 자신의 주관이 뚜렷하고 식복은 타고났다.

순종적이지만 상대에 따라서 무시하거나 공격적일 때도 있으며 행동파, 정직성, 인내성이 좋은 성향을 지녔다.

폐, 어깨, 신경통, 대장 등과 관련된 질환에 주의해야 한다.

寅과 申이 충을 하면 화기를 발생하므로 寅이 오는 운에는 화병과 염증을 조심해야하고 정신계 분란이 오는 경우가 있다.

사람의 문이 닫히고 귀신의 문이 열린다고 하여 신통력을 지니는 경우가 있으며 장군 신이 들어오는 경우가 있다.

寅, 申, 巳, 亥가 일주를 포함해서 2개 이상이면 고독지명(孤獨之命)으로 외로운 사주가 많다.

(8) 유(酉) - 金氣

유(酉)는 닭띠로 오행 중에 金 기운이며 결실을 이루고 수확하는 것을 의미하며 나무에서 열매가 완전히 단단하게 여무는 시기이다.

음력 8월이고 時는 17시 30분~19시 30분 사이이며 내려가는 기운과 멈추는 기운에 쌓여있는 때이다.

한가위에 해당하는 8월은 가장 풍요로울 때이니 잘 익은 과일을 의미하며 교회 종, 보석, 진주, 귀금속, 유리, 경찰서 등을 뜻한다.

식복은 타고났으며 자신을 보석처럼 돋보이게 하고 싶은 마음이 강해서 주변 환경을 심하게 의식하고 영향을 많이 받는다.

사회생활에서 자신에게 주어진 일은 충실히 이행하고 결과를 중시하며 사색적 성품이 드러날 때가 있다.

무언가를 결정하려는 모습으로 소신이 분명하고 책임감이 있으며 흔들리지 않고 중심을 잡는 완연함이 있다.

외로움, 깨끗한 죽음, 호흡운동 등을 의미하며 배우자나 주변의 간섭을 싫어하고 스스로 자신의 몫을 완수하려는 성향이 있다.

폐, 기관지, 호흡기 등과 관련된 질환을 주의해야 하며 외상이나 수술, 사고 등을 조심해야 한다.

지나친 과시욕과 집착 때문에 타인으로부터 배척을 당하기도 하며 직선적이고 모난 행동을 서슴지 않으며 때에 따라서 상대에 대한 살기를 드러내기도 한다.

형국이 불안정할 때는 원만한 인간관계를 유지하지 못하여 고독한 일생을 보내기가 쉽다.

인고를 거듭해서 탄생한 물체이니 두려움을 모르고 강한 자기주장으로 인해서 배우자와 불화가 잦다.

(9) 술(戌) - 土氣

술(戌)은 개띠로 오행 중에 土의 기운이며 충성심이 있고 영민하며 예민하다.

음력 9월이고 時는 19시 30분~21시 30분 사이이며 낙엽이 지고 서리가 내리니 외관상 가장 초라하고 쓸쓸할 때이다.

휴식을 준비하는 의미로 가을 추수가 끝난 황량한 들판이나 찬바람이 휘몰아치는 늦가을의 벌판을 의미한다.

토는 초목의 생장을 돕는 것이 소임이지만, 늦가을 땅에 해당하는 戌은 수확한 농작물을 저장하거나 보관하는 역할을 의미한다.

천지에서 인간을 비롯한 만물의 생장이 멈추는 때이며 교회, 서원, 교육장, 교도소, 높은 산 등을 의미한다.

정직하고 일관성이 있는 생활 태도와 규율을 잘 지키며 속마음을 함부로 드러내지 않는 듬직함이 있다.

사주 원국(原局)에 따라서 기복이 심하고 배우자나 인덕이 부족하며 사회적으로 발달이 느리다.

재생산업과 관련이 있으며 스스로 움직이지 않으면 저절로 얻어지는 것은 부족하니 고독한 생활을 이어가는 경우가 많고 사색적이다.

식도, 기관지, 폐와 뇌 중간 작용, 위장, 갈비뼈 등과 관련된 질환에 주의해야 한다.

개는 밖을 보고 짖지만, 안을 지켜야 하는 이중생활의 아픔을 의미하기도 한다.

戌이 卯를 만나면 고목이 회춘한다고 하며 卯와 戌이 사주에 함께 있으면 탁월한 영감이 발달한다. 만학, 예능, 장인, 문예춘추 등에 탁월한 재능이 있고 그중에서도 卯月에 戌日이 가장 좋다.

辰과 戌이 충을 하는 운에는 학업을 중단하는 경우가 많다.

寅과 戌이 만나는 운에는 호랑이에게 개를 준다고 하니 상황에 따라서 교통사고, 상해, 수술 등을 주의해야 한다.

辰과 戌은 천을귀인(天乙貴人)에 해당하지 않는다.

(10) 해(亥) - 水氣

해(亥)는 돼지띠로 오행 중에 水 기운이며 아둔하지만 순한 면이 있고 식욕과 탐욕은 대단하다.

초목의 역할을 마무리하는 음력 10월이고 時는 21시 30분~23시 30분 사이이며 혼돈의 때다.

내면으로는 봄의 기운이 태동하고 주변 환경의 영향을 덜 받으니 안정을 찾는 시간이며 대뇌의 잠재된 영감이 잘 발달한다.

저수지, 호수, 바다, 북극성, 천을, 태을 등을 뜻하며 옥황상제가 재림하는 맑고 깨끗한 물을 의미한다.

전체를 총괄하는 지식과 지혜가 있고 식복이 많으며 무엇이든 잘 주워 담는다.

유연성과 융통성, 포용력이 대단하고 긍정적이며 마음이 깊고 넓으며 어지간해서는 바닥을 드러내지 않는다.

넓고 깊은 물이니 그 깊이를 알 수 없듯이 속을 가늠하기가 어려운 경우가 많다.

평소 내성적이다가도 욱하는 성질을 내포하고 있으며 당뇨, 고혈압, 심장마비, 우울증 등과 관련된 질환에 주의해야 한다.

독립적이고 독선적인 면이 있고 천재성을 지닌 아이디어가 많으며 직업의 귀천은 가리지 않는다.

종교, 철학, 야간장사, 유흥, 숙박업, 사채 등과 관련된 업에 인연이 있다.

(11) 자(子) - 水氣

자(子)는 쥐띠로 오행 중에 水 기운이며 매우 예민하고 주변을 많이 의식하여 외부 작용에 민감한 반응을 보인다.

음력 11월이고 時는 23시 30분~01시 30분 사이이며 변화의 출발점이라 하여 양기가 처음 발동하는 때이다.

子는 여성의 자궁을 의미하니 정력이 강하고 깨끗한 물을 총칭하며 샘물, 계곡의 깨끗한 물, 수돗물 등을 의미한다.

본성이 착하고 유순하여 주변 사람들과 잘 어울리며 성실하고 정직하며 세심하다.

침착하면서도 내향적이지만 때로는 냉정한 부분이 있다.

무엇이든 하나쯤은 완성하는 능력이 있고 천재성과 영리함을 동시에 지니고 있다.

때로는 너무 예민하고 여유가 없어서 다혈질적인 성향을 지니기도 하며 난폭성과 극단적 행동을 드러내기도 한다.

속을 알 수가 없으며 때에 따라서 비굴하거나 야비할 정도로 상대를 무시하고 짓밟기도 한다.

환경에 의한 변화가 심하고 음양의 기운을 모두 갖춘 상태이니 이중성을 지니며, 얼음물이니 生보다는 剋을 더 잘한다.

촛불 없는 암자, 토굴, 영적 능력, 무당 기질 등과 연관이 있어서 별다른 병명도 없이 몸이 아플 수 있다.

소뇌, 요도, 입, 신경선, 비뇨기계 등과 관련된 질환에 주의해야 한다.

子와 午가 충을 하면 두뇌 회전은 빠르나 깊이가 없다.

子와 未가 만나면 의협심은 좋으나 未가 너무 강하면 子가 극을 당하니 신경불안증세로 나타나기도 한다.

未月의 子日에 태어난 경우는 신경성 위장병, 장복 수술, 부부상별, 불면증 등으로 몸이 쇠약해지는 경우가 많다.

(12) 축(丑) - 土氣

축(丑)은 소띠로 오행 중에 土 기운이며 우직하고 고집이 세며 앞만 쳐다보고 묵묵히 일만 하니 일복이 많다.

음력 11월이고 時는 01시 30분~03시 30분 사이이며 조화의 근원지이고 분열 운동의 첫 변화가 열리는 때이다.

초목의 생장에 도움을 주는 흙은 아니지만, 음토(陰土)라서 차가운 언 땅을 말하며 생명체를 감싸서 보호하고 싹을 틔울 종자를 숙성시키는 역할을 한다.

현실적으로 지극히 고요하며 아직은 냉기를 벗어나지 못했으니 모든 것을 떨어낸다.

앙상한 가지만 남겨놓은 채 죽은 듯이 고요히 쉬면서 내면에서 새로운 탄생을 위해 생명의 수기(水氣)를 잉태하고 있다.

본성은 온순하고 정직하며 인내심이 강하여 어지간해서는 자신의 감정을 잘 드러내지 않는다.

고집은 센 편이지만 근면하고 성실하며 내성적이고 보수적 성향이 강하다.

조용하게 새로운 변화를 모색하며 부지런하나 남의 도움을 받지 못하고 애를 쓴 만

큰 보상이 주어지지 않는 경우가 흔하다.

아직은 차가운 작은 땅으로서 서혜부, 겨드랑이, 항문, 콧구멍 등과 같이 땀이 흐르는 곳과 연관이 있다.

금고, 창고를 의미하니 모으는 능력이 탁월하며 사회적 참여에는 소극적이고 눈에 보이지 않는 초능력을 지니는 경우가 있다.

대운에서 丑 대운이 오면 모든 면에 지연되고 지체됨이 많으며, 특히 여자에게 더 큰 영향을 미친다.

제**4**장

사주 작성법(四柱 作成法)

IV
사주 작성법(四柱 作成法)

1. 사주(四柱) 명식 세우는 방법

사주 작성법(四柱 作成法)은 출생한 年, 月, 日, 時를 기준으로 명식(命式)을 세우며 간지(干支)가 서로 작용하여 운명을 좌우한다.

한해의 경계를 결정하는 기준은 입춘(立春)을 시작으로 결정하면 된다.

1) 년주(年柱)를 정하는 방법

태어난 해를 년주(年柱)라고 하며 만세력(萬歲曆)을 보면 알 수 있다. 년주를 정할 때는 기본적으로 음력을 기준으로 정하지만, 음력과 양력에 상관없이 입춘을 기준으로 하여 입춘 이후에 태어났으면 출생한 해를 년주로 사용하면 된다.

입춘날 출생한 경우에는 입춘날의 절입(節入) 시간을 확인하여 그 시간 이후부터 그 해를 년주로 사용할 수 있다.

2) 월주(月柱)를 정하는 방법

태어난 달을 월주(月柱)라고 하며 월건(月建)이라고도 한다.

년주 다음의 월주(月柱)를 정할 때는 만세력을 보고 태어난 월의 월건(月建)을 사용하면 된다.

음력의 월을 사용하면 되지만, 년주를 정할 때 입춘을 기준으로 하듯 월주를 정할 때도 절입일(節入日)의 시간을 확인해야 한다.

월건에 속해있는 절입일과 그날의 시간을 기준으로 하여 절입일의 절입 시간 이후부터 그달을 월주로 사용할 수 있다.

만세력을 보지 않고도 월주를 찾아내는 방법은 천간(天干)의 합을 이용하면 된다.

〈 월주(月柱)의 조견표 〉

月 / 年干	一	二	三	四	五	六	七	八	九	十	十一	十二
節入	立春	驚蟄	淸明	立夏	芒種	小暑	立秋	白露	寒露	立冬	大雪	小寒
甲己 年年	丙寅	丁卯	戊辰	己巳	庚午	辛未	壬申	癸酉	甲戌	乙亥	丙子	丁丑
乙庚 年年	戊寅	己卯	庚辰	辛巳	壬午	癸未	甲申	乙酉	丙戌	丁亥	戊子	己丑
丙辛 年年	庚寅	辛卯	壬辰	癸巳	甲午	乙未	丙申	丁酉	戊戌	己亥	庚子	辛丑
丁壬 年年	壬寅	癸卯	甲辰	乙巳	丙午	丁未	戊申	己酉	庚戌	辛亥	壬子	癸丑
戊癸 年年	甲寅	乙卯	丙辰	丁巳	戊午	己未	庚申	辛酉	壬戌	癸亥	甲子	乙丑

태어난 해를 기준으로 천간합(天干合)이 되어 변화되는 오행의 상생 관계에서 생을 받는 오행의 양간(陽干)을 찾아서 음력 1월의 월간으로 정하면 된다.

甲과 己가 합을 하면 土가 되니 土를 상생하는 오행의 양간(陽干)은 丙이 된다.

음력 1월은 寅이 되니 甲과 己의 해에 음력 1월은 丙寅月이 된다.

2월은 丁卯月, 3월은 戊辰月, 4월은 己巳月, 5월은 庚午月, 6월은 辛未月, 7월은 壬申月, 8월은 癸酉月, 9월은 甲戌月, 10월은 乙亥月, 11월은 丙子月, 12월은 丁丑月의 순이다.

乙과 庚이 合을 하면 金이 되니 金을 상생하는 오행의 양간(陽干)은 戊가 된다.

음력 1월은 寅이 되니 乙과 庚의 해에 음력 1월은 戊寅月이 된다.

2월은 己卯月, 3월은 庚辰月, 4월은 辛巳月, 5월은 壬午月, 6월은 癸未月, 7월은 甲申月, 8월은 乙酉月, 9월은 丙戌月, 10월은 丁亥月, 11월은 戊子月, 12월은 己丑月의 순이다.

丙과 辛이 合을 하여 水가 되니 水를 상생하는 오행의 양간(陽干)은 庚이 된다.

음력 1월은 寅이 되니 丙과 辛의 해에 음력 1월은 庚寅月이 된다.

2월은 辛卯月, 3월은 壬辰月, 4월은 癸巳月, 5월은 甲午月, 6월은 乙未月, 7월은 丙申月, 8월은 丁酉月, 9월은 戊戌月, 10월은 己亥月, 11월은 庚子月, 12월은 辛丑月의 순이다.

丁과 壬이 合을 하여 木이 되니 木을 상생하는 오행의 양간(陽干)은 壬이 된다.

음력 1월은 寅이 되니 丁과 壬의 해에 음력 1월은 壬寅月이 된다.

2월은 癸卯月, 3월은 甲辰月, 4월은 乙巳月, 5월은 丙午月, 6월은 丁未月, 7월은 戊申月, 8월은 己酉月, 9월은 庚戌月, 10월은 辛亥月, 11월은 壬子月, 12월은 癸丑月의 순이다.

戊와 癸가 合을 하여 火가 되니 火를 상생하는 오행의 양간(陽干)은 甲이 된다.

음력 1월은 寅이 되니 戊와 癸의 해에 음력 1월은 甲寅月이 된다.

2월은 乙卯月, 3월은 丙辰月, 4월은 丁巳月, 5월은 戊午月, 6월은 己未月, 7월은 庚申月, 8월은 辛酉月, 9월은 壬戌月, 10월은 癸亥月, 11월은 甲子月, 12월은 乙丑月의 순이다.

천간합(天干合)은 다섯 개이니 5년마다 음력 월주는 모두 같은 공식으로 나열된다는 것을 알 수 있다.

3) 일주(日柱)를 정하는 방법

태어난 날을 일주(日柱)라고 하며 일진(日辰)이라고도 한다.

월주 다음의 일주를 정할 때는 자시(子時)를 경계로 하며 밤 12시 자정을 기준으로 하여 태어난 날의 일진(日辰)을 사용하면 된다.

자시는 23시~01시까지를 말하며 앞날과 다음날을 구분하여 둘로 나누어서 본다.

23시에서 24시까지는 야자시(夜子時)라고 하여 그날을 일진으로 사용하고 24시에서 01시까지는 명자시(明子時)라고 하여 다음날의 일진을 쓴다.

하지만 현재의 시간으로는 동경 135도를 표준 자오선으로 사용하고 있기에 24시 30분으로 전일(前日)과 명일(明日)을 바꾸어 구분해야 한다.

역시 절입일에 태어난 경우는 시간을 확인하고 이후의 시간부터 일진으로 사용하면 된다.

4) 시주(時柱)를 정하는 방법

태어난 날의 시(時)를 시주(時柱)라고 하며 시주는 일간(日干)을 보고 결정하면 된다. 일주 다음의 시주를 정할 때는 월주를 찾아내는 방법과 같이 천간합을 이용하면 된다.

합이 되어 변화하는 오행의 상생 관계에 놓이는 오행의 양간(陽干)을 찾아서 인시(寅時)의 천간으로 정하면 된다.

甲과 己가 合을 하여 土가 되니 土를 상생하는 오행의 양간(陽干)은 丙이 된다.

03時 半~05時 半은 寅時가 되니 甲과 己 일간의 시주는 丙寅時로 출발하여 丁卯時, 戊辰時, 己巳時, 庚午時, 辛未時, 壬申時, 癸酉時, 甲戌時, 乙亥時, 丙子(甲子)時, 乙丑時의 순이다.

乙과 庚이 合을 하여 金이 되니 金을 상생하는 오행의 양간(陽干)은 戊가 된다.

03時 半~05時 半은 寅時가 되니 乙과 庚 일간의 시주는 戊寅時로 출발하여 己卯時, 庚辰時, 辛巳時, 壬午時, 癸未時, 甲申時, 乙酉時, 丙戌時, 丁亥時, 戊子(丙子)時, 丁丑

時의 순이다.

　丙과 辛이 合을 하여 水가 되니 水를 상생하는 오행의 양간(陽干)은 庚이 된다.
　03時 半~05時 半은 寅時가 되니 丙과 辛 일간의 시주는 庚寅時로 출발하여 辛卯時, 壬辰時, 癸巳時, 甲午時, 乙未時, 丙申時, 丁酉時, 戊戌時, 己亥時, 庚子(戊子)時, 己丑時의 순이다.

　丁과 壬이 合을 하여 木이 되니 木을 상생하는 오행의 양간(陽干)은 壬이 된다.
　03時 半~05時 半은 寅時가 되니 丁과 壬 일간의 시주는 壬寅時로 출발하여 癸卯時, 甲辰時, 乙巳時, 丙午時, 丁未時, 戊申時, 己酉時, 庚戌時, 辛亥時, 壬子(庚子)時, 辛丑時의 순이다.

　戊와 癸가 合을 하여 火가 되니 火를 상생하는 오행의 양간(陽干)은 甲이 된다.
　03時 半~05時 半은 寅時가 되니 戊와 癸 일간의 시주는 甲寅時로 출발하여 乙卯時, 丙辰時, 丁巳時, 戊午時, 己未時, 庚申時, 辛酉時, 壬戌時, 癸亥時, 甲子(壬子)時, 癸丑時의 순이다.

　시를 산출하는 다른 방법으로는 60갑자의 처음 甲子에서 출발하여 癸亥까지 2시간 단위로 적용하여 산출하여도 된다.
　甲과 己 일간의 子時(00시 30분)에서 甲子時로 시작하여 戊와 癸 일간의 亥時를 마지막으로 癸亥時로 마무리가 된다.
　子時에서 60갑자의 처음 甲子時가 다시 시작됨을 알 수 있다.

〈 시주(時柱)의 조견표 〉

生時 \ 日干	甲己 日日	乙庚 日日	丙辛 日日	丁壬 日日	戊癸 日日
24時半 ~ 01時半 (明子時)	甲 子	丙 子	戊 子	庚 子	壬 子
01時半 ~ 03時半	乙 丑	丁 丑	己 丑	辛 丑	癸 丑
03時半 ~ 05時半	丙 寅	戊 寅	庚 寅	壬 寅	甲 寅
05時半 ~ 07時半	丁 卯	己 卯	辛 卯	癸 卯	乙 卯
07時半 ~ 09時半	戊 辰	庚 辰	壬 辰	甲 辰	丙 辰
09時半 ~ 11時半	己 巳	辛 巳	癸 巳	乙 巳	丁 巳
11時半 ~ 13時半	庚 午	壬 午	甲 午	丙 午	戊 午
13時半 ~ 15時半	辛 未	癸 未	乙 未	丁 未	己 未
15時半 ~ 17時半	壬 申	甲 申	丙 申	戊 申	庚 申
17時半 ~ 19時半	癸 酉	乙 酉	丁 酉	己 酉	辛 酉
19時半 ~ 21時半	甲 戌	丙 戌	戊 戌	庚 戌	壬 戌
21時半 ~ 23時半	乙 亥	丁 亥	己 亥	辛 亥	癸 亥
23時半 ~ 24時半 (夜子時)	丙 子	戊 子	庚 子	壬 子	甲 子

2012년 음력 01월 11일 오전 11시에 출생한 명식은 만세력을 이용하면 아래와 같다.

時	日	月	年
丁	癸	辛	辛
巳	巳	丑	卯

2012년 음력으로 1월이니 임진년(壬辰年)에 태어났으며 양력으로도 02월 02일이니 역시 임진년(壬辰年)에 해당한다.

음력과 양력 모두 임진년이지만, 한해의 절입일의 기준이 되는 입춘(立春)을 아직 지나지 않았으니 그 전년도의 신묘년(辛卯年)을 그대로 년주로 사용해야 한다.

월주도 절입일을 기준으로 보아야 하니 임인월(壬寅月)이 아니라 신축월(辛丑月)이 된다.

일(日)의 경계는 자정(子正)으로 하여 그날의 일진(日辰)은 계사일(癸巳日)이 된다.

시주는 오전 11시이니 사시이며 일간이 癸 일간으로 정사시(丁巳時)에 해당한다.

자정을 기준으로 태어난 경우는 야자시(夜子詩)와 명자시(明子詩)를 구분해야 한다.

2012년 음력 12월 24일 새벽 02시에 출생한 명식은 만세력을 이용하면 아래와 같다.

時	日	月	年
己	辛	甲	癸
丑	丑	寅	巳

2012년 음력 12월 24일은 양력으로 2013년 02월 04일이다.

음력을 기준으로 한해의 경계를 정하지만, 입춘이 지났으니 새해를 년주로 사용해야 한다.

크레온의 사주명리학

음력으로는 아직 임진년(壬辰年)이고 양력으로는 계사년(癸巳年)에 해당하지만, 입춘이 지났으니 음력과 관계없이 새해를 년주로 정해야 한다.

음력으로 계사년(癸巳年)이 되려면 아직 며칠이 남았음에도 불구하고 입춘의 시작 01시 09분을 지났으니 임진년(壬辰年)이 아니라 다음 해의 계사년(癸巳年)을 써야 옳다.

월주도 마찬가지로 음력 12월이 아니라 음력 01월을 사용하니 갑인월(甲寅月)이 되었다.

위와 같이 음력으로 같은 임진년(壬辰年)에 태어났어도 만세력으로 2년이 차이나는 명식이 되었다.

일(日)도 이와 마찬가지로 절입일의 시간을 기준으로 잘 살펴보아야 한다.

만세력을 보면 쉽게 찾을 수 있으나 음력(陰曆) 12월과 양력(陽曆) 1월은 위와 같이 편차가 크게 생길 가능성이 있으니 사주 명식을 세울 때 주의해야 한다.

2. 대운(大運) 세우는 방법

자신이 출생한 年, 月, 日, 時로 태어남과 동시에 사주팔자가 정해지며 팔자는 변하지 않는 숙명이 된다. 하지만 바꿀 수 없는 숙명의 사주팔자도 운명(運命)에 의해서 변화를 이룰 수 있다.

하루의 운은 일운(日運)이고 매월의 운은 월운(月運), 매년의 운은 년운(年運)이라고 한다. 년운은 시간적 의미를 뜻하는 세운(歲運)이라고 하여 해마다 신수를 보는 것이다.

한해의 신수를 볼 때 대운의 절대적 영향을 받기 때문에 반드시 세운과 대운을 함께 보고 길흉(吉凶)을 판단해야 한다.

대운이 사주팔자에 좋은 영향을 미치는 방향으로 흐르면서 세운까지 좋은 운을 만나면 신수는 대길하다.

10년 주기로 바뀌는 운을 대운(大運)이라고 하며 공간적 의미를 뜻하고 운명을 예지하는 기준이 된다.

대운 세우는 방법을 알아보면 다음과 같다.

男	건명(乾命)
女	곤명(坤命)

건(乾)은 하늘이니 남자의 명(命)을 뜻하고, 곤(坤)은 땅으로 여자의 명(命)을 의미한다.

성별에 따라서 대운이 달라지니 반드시 표시해야 한다.

대운을 정할 때는 년간(年干)이 양(陽)이면 건명(乾命)에 해당하는 남자는 순행으로 정하고, 곤명(坤命)에 해당하는 여자는 역행으로 정한다.

반대로 년간(年干)이 음(陰)이면 건명에 해당하는 남자는 역행으로 정하고, 곤명에 해당하는 여자는 순행으로 정해야 한다.

순행과 역행을 정할 때는 출생한 년(年)의 천간(天干)을 기준으로 결정하지만, 대운을 산출할 때는 월주에서 출발하여 월주 다음부터가 첫 번째 대운에 해당한다.

월주를 기준으로 대운을 정하는 이유는 월주의 궁 자리가 부모궁에 해당하고 부모로부터 태어나서 인생이 시작되기 때문이다.

태어나기 전 잉태했을 때부터 1번째 대운이 시작되는 나이까지는 월주가 대운에 해당한다.

쌍둥이 사주의 경우에는 반드시 성별을 구분하고 태어난 순서를 적용해서 대운을 산출해야 한다.

쌍둥이 형과 동생은 역행과 순행이 달라져야 제대로 된 대운을 뽑을 수 있다.

같은 일란성 쌍둥이 경우에 형의 대운이 순행이면 동생은 역행으로 하고, 형이 역행이면 동생은 순행으로 정해야 한다.

남녀 쌍둥이 경우에도 사주대로 대운을 그대로 적용해서 보면 되는데 남녀의 대운이 반대로 흐르니 역시 대운이 다르다.

쌍둥이 사주는 어딜 가더라도 동생의 사주는 없다거나 관상이 다르다는 등 여러 가지 논리가 있지만, 대운을 다르게 봄으로써 정확히 감명할 수 있다.

성향과 외모까지 비슷한 쌍둥이 경우에도 성장해 가면서 삶이 너무나 달라지는 이유는 대운으로 인해서 환경과 기운이 달라지기 때문이다.

같은 년, 월, 일, 시에 태어났더라도 성별에 따라서 대운은 아래와 같이 다르다.

1970년 양력(陽曆) 08월 15일 21시 20분에 출생한 여자

時	日	月	年	命
庚 戌	丁 卯	甲 申	庚 戌	坤 命

62	52	42	32	22	12	2	大運
丁 丑	戊 寅	己 卯	庚 辰	辛 巳	壬 午	癸 未	

1970년 양력(陽曆) 08월 15일 21시 20분에 출생한 남자

時	日	月	年	命
庚 戌	丁 卯	甲 申	庚 戌	乾 命

68	58	48	38	28	18	8	大運
辛 卯	庚 寅	己 丑	戊 子	丁 亥	丙 戌	乙 酉	

태어난 년, 월, 일, 시가 같으니 당연히 사주팔자는 같지만, 성별이 다르니 대운이 달라졌다.

태어난 년(年)이 경술년(庚戌年)으로 년간(年干)이 庚이니 양년(陽年)에 해당한다.

곤명(坤命)은 역행으로 하고 건명(乾命)은 순행으로 대운을 산출해야 한다.

월주가 갑신월(甲申月)이니 곤명(坤命)은 역행으로 대운을 산출하며 계미(癸未)가 첫 번째 대운이다.

대운의 숫자는 2에 해당하니 2살부터 10년의 대운을 적용하면 된다.

2살 이전의 대운은 당연히 월주가 대운에 해당하여 갑신(甲申)이 된다.

월주가 갑신월(甲申月)이니 건명(乾命)은 순행으로 대운을 산출해야 하며 을유(乙酉)가 첫 번째 대운이다.

대운의 숫자는 8에 해당하니 8살부터 10년의 대운을 적용하면 된다.

8살 이전의 대운은 당연히 월주가 대운에 해당하여 갑신(甲申)이 된다.

2013년 양력 05월 26일 새벽 03시 40분에 출생한 여자

時	日	月	年	命
壬 寅	壬 辰	丁 巳	癸 巳	坤 命

63	53	43	33	23	13	3	大運
甲 子	癸 亥	壬 戌	辛 酉	庚 申	己 未	戊 午	

2013년 양력 05월 26일 새벽 03시 40분에 출생한 남자

時	日	月	年	命
壬 寅	壬 辰	丁 巳	癸 巳	乾 命

67	57	47	37	27	17	7	大運
庚 戌	辛 亥	壬 子	癸 丑	甲 寅	乙 卯	丙 辰	

태어난 년, 월, 일, 시가 같으니 당연히 사주팔자는 같으나 성별이 다르니 대운이 달라졌다.

태어난 년(年)이 계사년(癸巳年)으로 년간(年干)이 癸이니 음년(陰年)에 해당한다.

곤명(坤命)은 순행으로 하고 건명(乾命)은 역행으로 대운을 산출하면 된다.

곤명(坤命)은 순행으로 대운을 산출해야 하니 월주가 정사월(丁巳月)로 무오(戊午)가 첫 번째 대운이다.

대운의 숫자는 3에 해당하니 3살부터 10년의 대운을 적용하면 된다.

3살 이전의 대운은 당연히 월주가 대운에 해당하니 정사(丁巳)가 된다.

건명(乾命)은 역행으로 대운을 산출해야 하니 월주가 정사월(丁巳月)로 병진(丙辰)이 첫 번째 대운이다.

대운의 숫자는 7에 해당하니 7살부터 10년의 대운을 적용하면 된다.

7살 이전의 대운은 당연히 월주가 대운에 해당하니 정사(丁巳)가 된다.

태어난 년의 음양으로 역행과 순행을 정하고 월주를 기준으로 하여 대운을 산출하면 된다.

1) 대운 수의 산출방법

대운을 표시하는 대운 수 산출방법은 양년(陽年)인지 음년(陰年)인지에 따라서 남녀가 다르다.

양년의 경우에 남자는 순행이니 태어난 날짜 다음날부터 태어난 월(月)의 다음 달 절입일의 시작 날짜까지 세어서 3으로 나누면 대운 수가 된다.

양년의 경우에 여자는 역행이니 태어난 날짜 전날부터 태어난 월(月)의 거꾸로 절입일의 날짜까지 세어서 3으로 나누면 대운 수가 된다.

음년의 경우에 남자는 역행이니 태어난 날짜 전날부터 태어난 월(月)의 거꾸로 절입일의 날짜까지 세어서 3으로 나누면 대운 수가 된다.

음년의 경우에 여자는 순행이니 태어난 날짜 다음날부터 태어난 월(月)의 다음 달 절입일의 시작 날짜까지 세어서 3으로 나누면 대운 수가 된다.

　　　　　　　　　　　　　　　　　　　　크레온의 사주명리학

날짜를 세어서 나누어 남는 숫자가 1이면 무시하고, 2가 되면 숫자에 1을 더해서 계산하는 방식이다.

첫 번째 대운 전의 나이에 수가 없는 것은 월을 기준으로 하여 산출하니 첫 번째 대운의 그 전 나이는 월주를 살펴보면 알 수 있다.

첫 번째 대운이 7인 경우에는 1~6세까지의 대운은 월주가 되는 것이다.

대운은 정해진 나이에서부터 10년을 지배하며 천간의 5년과 지지의 5년으로 나뉘어 세부적으로 적용하여 보기도 한다.

천간의 운에 해당하는 나이가 되었을 때는 70%의 기운이 작용하고 지지가 30%의 기운으로 작용한다.

지지의 운이 왔을 때는 지지가 70%가 작용하고 천간이 30%의 기운으로 작용하는 것으로 봐야 더 정확하게 볼 수 있다.

사주의 대운 중에서 2번째 대운을 잘 살펴보면 천간에 있는 대운이 대체로 평생의 고민으로 작용하는 경우가 많다.

해마다 육십갑자에 의해서 바뀌는 세운은 모든 사람에게 똑같이 배정된다. 세운이 같다고는 하지만 팔자에 따라서 작용하는 육친이 달라지니 운세가 다르게 적용되는 것이다.

대운은 각자의 팔자에 따라서 다르게 배정되고 나이도 다르게 배정된다.

10년 동안의 대운이 팔자에 좋은 영향을 미치는 길운(吉運)인지, 흉운(凶運)인지를 파악하고 미치는 영향에 대처하는 개운(開運) 방법을 찾아서 적용하면 된다.

10년 대운이 끝나고 다음 대운으로 넘어갈 때의 마지막 년에 해당하는 운을 접대운이라고 한다.

접대운이 辰, 未, 戌, 丑의 경우에는 매사가 얽히고 꼬이는 경우가 많으며 결과도 늦게 나타나니 더욱 잘 살펴보아야 한다.

경쟁자가 생기고 학업을 중도에 포기하는 경우가 생기며 위협을 가하는 사람이 나타나기도 한다.

항상 서두르지 말고 신중해야 하며 남의 말에 맹종하지 말아야 한다.

타고난 사주팔자가 좋은데 대운까지 팔자에 도움이 되는 방향으로 흐르면 일생이 평탄하며 뜻대로 살아갈 수 있다.

좋은 대운으로 흐르고 있을 때 주저하지 말고 주관을 가지며 확고히 밀어붙이면 운이 크게 발할 수 있다.

십성(十星)과 육친(六親)

V
십성(十星)과 육친(六親)

십성(十星)이란 열 개의 별이나 열 종류의 십신(十神)을 뜻하며 열 가지 속성을 의미한다.

일간(日干)을 기준으로 하여 팔자 안에 있는 다른 글자와 관계를 대조하여 음양오행의 상생 또는 상극에서 만들어지는 것으로 운명적 작용을 표시하는 것이다.

육친(六親)이란 기본적으로 조부모, 부모, 형제, 배우자, 자식 등을 뜻한다.

명리학에서 육친의 의미는 일간을 기준으로 십성에 배정된 넓은 의미의 가족관계와 인간관계를 의미한다.

육친을 잘 살펴보면 사주 원국에서 5대 조상까지도 찾아낼 수 있다.

1. 십성(十星)의 의미

십성(十星)은 비견(比肩), 겁재(劫財), 식신(食神), 상관(傷官), 편재(偏財), 정재(正財), 편관(偏官), 정관(正官), 편인(偏印), 정인(正印)이 있다.

모든 육친은 사주 원국(原局)의 일간을 기준으로 보아야 한다.

그런 다음 다른 육친입장에서도 팔자 내에 있는 오행과의 관계를 살펴보면 더 깊이 있는 통변이 가능하다.

비견(比肩)은 일간과 오행이 같고 일간과 음양도 같다.

크레온의 사주명리학

겁재(劫財)는 일간과 오행은 같으나 일간과 음양은 다르다.

같은 오행의 비견과 겁재를 합하여 비겁(比劫)이라고 한다.

식신(食神)은 일간이 생을 하는 오행이고 일간과 음양은 같다.

상관(傷官)은 일간이 생을 하는 오행이고 일간과 음양은 다르다.

같은 오행의 식신과 상관을 합하여 식상(食傷)이라고 한다.

편재(偏財)는 일간이 극 하는 오행이고 일간과 음양은 같다.

정재(正財)는 일간이 극 하는 오행이고 일간과 음양은 다르다.

같은 오행의 편재와 정재를 합하여 재성(財星)이라고 한다.

편관(偏官)은 일간을 극 하는 오행이고 일간과 음양은 같다.

정관(正官)은 일간을 극 하는 오행이고 일간과 음양은 다르다.

같은 오행의 편관과 정관을 합하여 관성(官星)이라고 한다.

편인(偏印)은 일간을 생 하는 오행이고 일간과 음양은 같다.

정인(正印)은 일간을 생 하는 오행이고 일간과 음양은 다르다.

같은 오행의 편인과 정인을 합하여 인성(印星) 또는 인수(印綬)라고 한다.

비견과 겁재는 격(格)을 이루지 못하니 제외하고 편재와 정재는 재성(財星)의 하나로 보며 편인과 정인 또한 인성(印星)의 하나로 본다.

재성, 인성, 편관, 정관, 식신, 상관으로 분류하여 육신(六神)이라고도 한다.

〈 십천간(十天干)의 십성 〉

十星\日干	比肩	劫財	食神	傷官	財偏	正財	偏官	正官	偏印	正印
甲	甲	乙	丙	丁	戊	己	庚	辛	壬	癸
乙	乙	甲	丁	丙	己	戊	辛	庚	癸	壬
丙	丙	丁	戊	己	庚	辛	壬	癸	甲	乙
丁	丁	丙	己	戊	辛	庚	癸	壬	乙	甲
戊	戊	己	庚	辛	壬	癸	甲	乙	丙	丁
己	己	戊	辛	庚	癸	壬	乙	甲	丁	丙
庚	庚	辛	壬	癸	甲	乙	丙	丁	戊	己
辛	辛	庚	癸	壬	乙	甲	丁	丙	己	戊
壬	壬	癸	甲	乙	丙	丁	戊	己	庚	辛
癸	癸	壬	乙	甲	丁	丙	己	戊	辛	庚

십성(十星)을 보는 기준은 사주 원국(原局)의 주인에 해당하는 일간(日干)을 기준으로 하며 천간(天干)의 오행과 음양을 구분하여 적용하면 된다.

십성의 적용은 팔자 안에 있는 천간도 구분하고 운에서 오는 천간도 십성으로 구분하여 길(吉), 흉(凶)을 판단한다.

일간을 중심으로 나머지 3글자의 관계를 십성에서 구분하여 보며 3글자 이외에 대운과 세운의 관계도 같은 방법으로 적용하여 분석하면 된다.

지지(地支)의 십성(十星)도 사주 원국(原局)의 주인에 해당하는 일간(日干)을 기준으로 하며 지지의 오행과 음양을 구분하여 적용하면 된다.

십성의 적용은 팔자 안에 있는 지지를 구분하고 운에서 오는 지지도 십성으로 구분하여 길(吉), 흉(凶)을 판단한다.

크레온의 사주명리학

十星\日干	比肩	劫財	食神	傷官	財偏	正財	偏官	正官	偏印	正印
甲	寅	卯	巳	午	辰戌	丑未	申	酉	亥	子
乙	卯	寅	午	巳	丑未	辰戌	酉	申	子	亥
丙	巳	午	辰戌	丑未	申	酉	亥	子	寅	卯
丁	午	巳	丑未	辰戌	酉	申	子	亥	卯	寅
戊	辰戌	丑未	申	酉	亥	子	寅	卯	巳	午
己	丑未	辰戌	酉	申	子	亥	卯	寅	午	巳
庚	申	酉	亥	子	寅	卯	巳	午	辰戌	丑未
辛	酉	申	子	亥	卯	寅	午	巳	丑未	辰戌
壬	亥	子	寅	卯	巳	午	辰戌	丑未	申	酉
癸	子	亥	卯	寅	午	巳	丑未	辰戌	酉	申

일간을 중심으로 나머지 지지의 4글자와 관계를 십성에서 구분하여 보며 4글자 이외에 대운과 세운의 관계도 같은 방법으로 적용하여 분석하면 된다.

지지의 십성에는 체음용양(體陰用陽)을 구분해야 하며 체(體)는 음(陰)이지만 용(用)은 양(陽)으로 쓰이는 것을 말한다.

지지(地支)에서 巳와 亥는 원래는 음(陰)이었지만, 사용할 때는 양(陽)으로 쓰인다.

지지의 십성에는 체양용음(體陽用陰)을 구분해야 하며 체(體)는 양(陽)이지만, 용(用)은 음(陰)으로 쓰이는 것을 말한다.

지지(地支)에서 午와 子는 원래는 양(陽)이었지만, 사용할 때는 음(陰)으로 쓰인다.

지지의 오행 중에 火와 水는 반드시 체(體)와 용(用)을 구분해야 한다.

지장간(支藏干)을 살펴보면 체(體)와 용(用)이 음(陰)에서 양(陽)으로, 양(陽)에서 음(陰)으로 기운이 바뀌는 이유를 알 수 있다.

육친(六親)	성별	적 요
비견(比肩)		어깨를 나란히 하는 친구, 독립, 분리, 자아, 이동
	男	형제, 친구, 동업자, 며느리
	女	자매, 친구, 동서, 배우자의 여자
겁재(劫財)		강압, 교만, 파괴, 실패, 탈재, 겁탈
	男	이복형제, 남매, 친구, 며느리
	女	이복형제, 남매, 동서, 배우자의 여자
식신(食神)		풍족, 의식주, 유행, 섹스, 전문지식, 봉사
	男	장모, 조모, 사위, 손자, 부하직원
	女	조모, 자식(딸), 증조부
상관(傷官)		방해, 모사, 재능, 거만, 끼, 섹스, 활동, 박식
	男	조모, 장모, 사위, 손자
	女	조모, 자식(아들), 시누이의 남편
편재(偏財)		금전 출납, 투기, 허욕, 색정, 큰돈, 사업
	男	부친, 숙부, 애인, 고모, 처남
	女	부친, 시모, 숙부, 오빠의 여자
정재(正財)		차곡차곡 쌓이는 돈, 월급, 성실, 정확, 검소, 정직
	男	부친, 고모, 처, 처제
	女	부친, 고모, 시모, 외손자, 숙부
편관(偏官)		강권, 억제, 개혁, 투쟁, 무관, 관제, 정보원, 칠살
	男	자식(아들), 조카, 외조모
	女	애인, 아들의 여자, 시댁 형제, 며느리
정관(正官)		도덕, 보수, 명예, 인격, 신용, 문관, 정당성, 공무원
	男	자식(딸), 조카
	女	남편, 며느리, 시댁 형제
편인(偏印)		철학, 종교, 사기, 위선, 병난, 이별, 예술, 학문
	男	편모, 서모, 이모, 외손자
	女	편모, 이모, 사위
정인(正印)		문서, 지혜, 자애, 학문, 인정, 인덕, 교육, 합격
	男	어머니, 이모, 숙모, 장인, 외손녀
	女	어머니, 손자, 손녀, 조부, 외숙

2. 십성(十星)의 작용

육친과 인간사의 작용력을 나타내는 육신(六神)은 오행이 골고루 있으면 비교적 무난한 편이다. 부족한 오행이 있어도 합이 되거나 상생의 글자에 힘이 있으면 조화를 이룰 수 있다.

비겁은 식상과 같이 있어야 좋으며 인성도 식상과 함께 있어야 사주가 균형을 이룬다. 특히 여자는 정관을 상하게 하는 상관을 잘 살펴보아야 하며 남자는 재성을 잘 살펴보아야 한다.

일간(日干)이 남자는 양간(陽干)으로 태어나고 여자는 음간(陰干)으로 태어나면 육친을 그대로 적용하면 된다.

남자가 음간(陰干)으로 태어나고 여자가 양간(陽干)으로 태어났을 때는 특히 잘 살펴보아야 하며 일간의 음양으로 인하여 자식궁 성별이 바뀔 수 있기 때문이다.

식재관(食財官)이라고 하여 식상, 재성, 관성이 뚜렷한 사주의 경우는 돈에 관심이 많아서 일찍부터 장사나 사업을 하고 공부는 소홀함이 있다.

관인비(官印比)라고 하여 관성, 인성, 비겁이 뚜렷한 사주의 경우는 돈을 따라가서는 안 되며 공부를 하여 관을 가지게 되면 저절로 돈도 따라오게 된다.

십성에서 관성이 중요하며 관성을 가지고 있어도 어느 쪽으로 뚜렷한 사주인지에 따라서 진로가 달라지니 사주에서 십성을 볼 때는 관성을 중심으로 살펴보아야 한다.

3. 십성(十星)의 특성

1) 견겁(肩劫)

일간(日干)과 오행이 같은 것을 견겁(肩劫)이라고 하며 일간과 오행이 같으면서 음양이 같으면 비견(比肩)이고 음양이 다르면 겁재(劫財)로 구분한다.

일간과 오행이 같으니 '견주다, 모방하다, 따르다'라는 의미가 있다.

협동과 단결의 의미가 있으나 분리, 대립, 논쟁이 될 수도 있다.

세력이 있으니 추진력과 자신감은 넘치지만, 지나치면 안하무인이 되는 경우가 많다. 동기간이라도 지나치게 독선적이고 시기, 질투, 배신, 사기성 등이 드러날 수도 있다.

비겁이 많으면 일찍 집을 떠나 독립하여 자수성가하는 경우가 많고 가업이 있어도 지키기가 어렵다.

사주의 구성이 좋아도 성공을 이루기까지는 시간이 더디다.

(1) 비견(比肩)

비견(比肩)은 일간(日干)과 오행이 같고 일간과 음양도 같다.

뜻이 비슷한 동업자를 의미하며 앞서거나 뒤서지 않고 어깨를 나란히 하는 친구의 의미로 동기를 뜻한다.

일간과 동등한 위치에 있고 뜻이 잘 통하는 형제나 자매를 뜻하며 친구나 동료, 동업자 등을 말한다.

비견이 온전하게 잘 작용하면 주체성과 당당한 자신감을 나타내며 인간관계가 좋다. 추진력과 독립심이 좋으며 곧고 솔직담백하여 초지일관한다.

자신의 힘이 되어주므로 어떤 어려움도 극복할 수 있고 결과가 좋지 않더라도 타인을 원망하거나 핑계를 대지 않는다.

비견이 너무 많은 경우 식상으로 설기를 하지 못하면 흉한 작용을 하기 쉽다.

고집과 자존심이 강해서 주변 사람들의 간섭이나 지배를 받기 싫어하니 남들과 타협하기 어렵다.

기운이 너무 강하니 상대를 극 하고 싶은 마음이 더 강해지며 융통성과 포용력이 부족하고 남의 재물을 탐하는 사람이 되기도 한다.

식상이 없거나 무력하면 질투와 시기가 많고 때에 따라서 야비한 행동을 보이기도 한다.

비견이 너무 강하면 재를 손상하게 되니 부모의 인연이나 덕이 부족하다.

배우자와 불화가 잦고 부정적인 성격과 행동을 현실에서 강하게 드러낸다.

월간(月干)에 비견이 있으면 형제나 자매가 있는 경우가 대부분이며 배우자 운이 좋지 않게 되는 경우가 흔하다.

(2) 겁재(劫財)

겁재(劫財)는 일간(日干)과 오행이 같고 일간과 음양은 다르다.

비견과 비슷하나 주체성이 강하고 합리적이지만, 음양이 다르니 생각과 행동이 다른 형제지간을 의미한다.

뜻이 통하지 않고 정이 없는 형제간이나 자매지간, 이복형제를 뜻하기도 한다.

요즘에는 나의 재물을 겁탈하는 형제나 서로 믿지 못하고 경계하는 정도의 의미로 해석하기도 한다.

겁재는 일간 외 다른 간지를 말하니 나의 재물을 겁탈한다는 의미가 되지만, 일간도 역시 겁재의 힘을 받아서 타인의 재물에 대한 욕심을 드러내기도 한다.

겁재는 남을 적대시하고 무시하는 마음이며 탈재(奪財)의 의미가 강하니 적에 가깝고 위협적이다.

겁재에 해당하는 친구와 동업을 하면 배신의 의미가 도사리고 있으니 실패가 따르고 꼭 금전에 대한 말을 꺼내는 경우가 많다.

하지만 신약한 명(命)에는 비견보다 더욱 강력히 도움을 줄 수 있으니 원국(原局)을 잘 살펴보아야 한다.

겁재의 도움을 제대로 받으면 미래지향적 사고와 행동을 추구하며 추진력과 승부욕이 강하다.

비견보다 유연하고 융통성을 가져서 어려운 일에 대처하는 능력은 더 탁월하다.

비견보다 강력히 도움을 줄 수 있으니 여유가 있고 느긋하나 솔직한 면이 부족하고 현실적인 성향이 강하다.

다른 겁재의 작용 덕분이니 다분히 계산적이고 매사 실수는 하지 않으며 신중함을 잃지 않는 생활 태도를 지닌다.

2) 식상(食傷)

일간(日干)이 생(生) 하는 오행을 식상(食傷)이라고 하며 일간과 음양이 같으면 식신(食神)이고 음양이 다르면 상관(傷官)으로 구분한다.

일간이 생을 하여 도움을 주는 관계이니 육친으로 자식궁에 해당한다. 지나친 간섭과 참견을 뜻하지만, 침착하고 조용히 자식을 대하는 의미로도 해석한다.

나의 말과 행동, 활동하는 영역을 뜻하며 식복에 해당한다.

내가 베풀고 나누어 주는 것이니 움직이고 활동하여 얻어지는 의식주를 말한다.

총명하고 이해력이 뛰어나며 동정심이 많고 직관력이 발달하며 부지런하다.

제조와 관련이 많고 생산적인 문학이나 종교, 예술 등과 연관이 있다.

(1) 식신(食神)

식신(食神)은 일간(日干)이 생(生) 하는 오행으로 일간과 음양도 같다.

의식주나 재물을 생산하기 때문에 길신(吉神) 중의 하나이다.

한 분야에 집중하면 대가(大家)가 되고 풍족함을 뜻하지만, 그만큼 식탐이 대단함을 의미하기도 한다.

의식주의 해결이 잘 되니 살이 찌는 경우가 많고 인심이 좋으며 부지런하다.

지적 행동이나 과시를 통해서 자신을 드러내고 싶은 마음이 강하게 작용한다.

전문지식이나 기술을 바탕으로 한 정신적 활동을 추구하고 자신의 직업에 대한 자부심이 있으며 직업변동은 거의 하지 않는다.

제조, 생산 등 물질적인 것과 관련이 많으며 의식주가 풍요하고 신체와 마음이 넉넉하니 낙천적이다.

조용하고 침착하며 논리적 언어를 구사하고 실리추구보다는 명분을 우선하는 성향이 강하다.

만족과 안락을 꿈꾸지만 나쁘게 작용할 때는 오히려 나태해지는 경우가 많다.

식신이 너무 많아서 강하게 흉한 작용을 하면 주관이 불분명해지고 즉흥적이거나 충동적이다.

의식주가 오히려 불안정하게 바뀌고 부부간에 불화가 생기며 자식과 인연이 부족하고 타인과 시비가 잦아든다.

자유분방한 사고와 행동이 표출되고 말로만 모든 문제를 해결하려는 성정이 현실로 드러난다.

(2) 상관(傷官)

상관(傷官)은 일간(日干)이 생(生) 하는 오행으로 일간과 음양은 다르다.

정신적이면서 무형의 작용을 의미하며 문화나 예술, 희생정신, 동정심 등과 관련이 있다.

타인을 이해하고 배려하는 마음이 있고 열심히 활동하지만, 과시를 통해서 자신의 존재감을 드러내려 한다.

총명함이 지나쳐서 자신을 과신하여 거만해지고 편법을 써서라도 성취하려는 욕심이 발동한다.

표현력이 풍부하고 직선적이며 대중적이고 육체적 활동의 직업을 갖게 된다.

대가가 따르는 일이라면 어떤 일이라도 서슴없이 할 수 있다.

다방면의 활동이나 다양한 직업을 의미하니 직업의 변동이 심하고 다재다능한 면모를 지녔다.

직업적 활동에 대한 자부심이 대단하고 친화적이며 항상 활기가 넘치고 자신감이 있으니 주변 사람들의 발길이 끊이지 않는다.

자유분방한 사고와 행동을 드러내며 감각이 뛰어나고 발상의 전환은 타의 추종을 불허한다.

현실대처능력 또한 뛰어나니 교만함이 생기고 독설가 적인 면모가 있으며 한쪽으로 치우치는 경향이 있다.

활동력이 많은 현대사회에서는 식신(食神)보다 월등히 앞서 나가며 연예인이나 영업, 정치인 등과 같은 다방면의 기질을 요구하는 직종에 잘 어울린다.

3) 재성(財星)

일간(日干)이 극(剋) 하는 오행을 재성(財星)이라고 하며 일간과 음양이 같으면 편재(偏財)이고 일간과 음양이 다르면 정재(正財)로 구분한다.

육친으로는 아버지와 아내를 의미하고 나의 노력의 노고가 실체화되면서 재물로 드러나는 것을 뜻한다.

건명(乾命)은 처와 재물을 나타내니 잘 살펴보아야 하며 재물이 많은 남자가 여자들로부터 인기가 많은 것은 어쩌면 당연한 이치이기도 하다.

곤명(坤命)은 남편에 해당하는 관을 상생하는 재성이니 시어머니의 간섭이 많아서 고부간에 갈등이 많다.

재가 많은 곤명(坤命)도 재성이 관성을 부르니 여러 명의 남자와 인연이 있으며 음란해지기 쉽다.

(1) 편재(偏財)

편재(偏財)는 일간(日干)을 극(剋) 하는 오행으로 일간과 음양도 같다.

일확천금과 같은 큰돈을 의미하며 투자, 중개, 모험, 투기, 도박, 사업, 금전의 출입 등과 같은 의미가 있다.

사교적이고 융통성이 좋으며 재물을 얻는 재주가 있고 풍류의 기질이 있다.

매사에 긍정적이고 미래지향적인 사고와 행동을 한다.

자신의 능력에 맞는 생산적인 직업 활동을 통해서 일한 만큼 대가가 나타나는 재물을 뜻한다.

자신의 능력만큼 소득을 올릴 수 있는 사업을 말하며 조직을 이끌어 가려는 통솔력과 배짱이 있다.

승부 욕과 추진력도 좋으니 항상 큰돈을 만질 수 있는 재물복이 있다.

형국이 나쁘면 만인의 재물이니 요행의 암시이며 씀씀이가 헤프고 그로 인해서 내 돈이 되기가 어려우며 뜬구름과 같다.

일간이 신강하면 재물을 쉽게 가질 수 있는 이중성이 있으며 욕심은 많으나 다정하며 좋은 일에는 돈을 아끼지 않는다.

일간이 약하여 감당하기 어려울 만큼 많은 편재가 자리하면 자신의 능력과 처지를 망각한 채 큰돈을 추구한다.

그로 인해서 오히려 의식주가 불안정하고 여유가 없는 바쁜 생활을 연속하게 된다.

허세가 심하고 소신대로 행동하지 않으며 주변의 눈치를 보는 비겁한 사람으로 바뀌기도 한다.

사주 내에 편재가 많으면 재물을 중시여기니 학문보다 이성에 일찍 눈을 뜨게 되어 여성들과의 관계도 복잡하다.

(2) 정재(正財)

정재(正財)는 일간(日干)이 극(剋) 하는 오행으로 일간과 음양은 다르다.

차곡차곡 쌓이는 돈을 의미하니 월급, 적금, 통장 등을 의미하며 안정 지향적인 생활 태도를 지닌다.

가정과 직업이 안정되니 정직하고 세심하며 신용이 있고 원만하다. 번영과 명예, 신용을 의미하고 성실하며 기본적으로 처복과 재물복은 타고났다.

근검절약하고 정확한 면은 있지만, 융통성이 부족하고 월급쟁이 또는 소규모의 자영업에 해당하는 재물을 의미한다.

정해진 재물의 한도 내에서 생활하는 의미이고 경제 관념이 탁월하니 낭비와 사치를 싫어하며 손해를 보지 않는 냉철한 판단력을 지닌다.

정재도 역시 많이 있으면 건강 운도 나빠지고 애정 문제가 복잡해지니 천간에는 하나만 있되 일간이 신강하면 매우 길하다.

4) 관성(官星)

일간(日干)을 극(剋) 하는 오행을 관성(官星)이라고 하며 일간과 음양이 같으면 편관(偏官)이고 음양이 다르면 정관(正官)으로 구분한다.

나를 관리하고 다스리는 의미가 있고 도덕, 질서, 법률 등을 뜻하니 공부하고 수양하여 규칙적이고 모범적이다.

반면 억압과 관재(官災), 송사, 전쟁, 폭력 등을 의미하기도 한다.

전생의 업을 뜻하니 하는 일이나 관직을 의미하며 명예를 뜻하여 공직이나 대기업, 사무직 등의 직업을 가질 수 있다.

재물이 많은 명(命)의 경우는 금고 역할을 하기도 한다.

(1) 편관(偏官)

편관(偏官)은 일간(日干)을 극(剋) 하는 오행으로 일간과 음양도 같다.

일간을 무정하게 다스리니 독재자에 가까우며 투쟁성과 권위적인 면이 크다.

무관을 의미하며 칼과 같은 마음으로 원칙과 소신이 분명하지만, 치우친 벼슬을 뜻한다.

직장과 명예를 뜻하기도 하지만 투쟁, 사건, 사고, 관재구설, 송사 시비, 성급함 등을 의미한다.

사명감이 투철하며 맺고 끊음이 확실하니 뒤끝은 없다.

자신의 직업에 대한 자부심과 긍지가 대단하고 조직에 대한 믿음이 강하여 충성심도 높다.

편관은 흉하게 볼 때가 더 많으며 칠살(七殺)이라고도 한다.

흉하게 작용하면 여유와 안정감이 부족하고 신경질적이며 감정변화가 심하여 윗사람과 갈등이 잦다.

가정보다 조직을 우선하는 가부장적인 남편으로 부부간에 정이 깊지 못하니 해로하기 어려우며 때로는 극단적 행동을 현실로 드러내기도 한다.

어느 자리에서 든 자신을 드러내기 좋아하고 승부 욕이 강하며 억지로 굴복시키려는 기질이 있다.

남을 무시하는 성향이 있으며 권력을 탐하는 것에 있어서는 적극적이고 거침이 없다.

(2) 정관(正官)

정관(正官)은 일간(日干)을 극(剋) 하는 오행으로 일간과 음양은 다르다.

나를 반듯한 방법으로 다스리니 합리적이며 지도자와 명예를 의미하여 도덕적이고 모범적이다.

문관을 뜻하니 바른 벼슬이고 안정된 직장을 말하며 품행이 단정하고 신용을 중요하게 여긴다.

합법적 조직이나 더불어 살아가는 사회에서 서로 지켜야 할 도덕과 규율을 말하며 체면을 중요하게 생각하는 인간다운 삶을 추구한다.

좋은 길성(吉星)으로 작용하면 상관을 극하여 정도를 걷도록 하니 입신출세하게 된다.

정관 또한 많이 있으면 나라의 헌법이 여러 개가 있는 격이 되므로 수습이 어렵다.

일간이 약한 경우에는 막중한 책임을 감당할 수 없으므로 오히려 빈천한 사주가 되기 쉽다.

특히 곤명(坤命)은 정관과 편관이 혼잡 되어있으면 사주의 격이 떨어진다.

음란한 사람이 되기 쉬우니 원국에 힘이 있는 정관이 하나만 있는 것이 가장 길하다.

5) 인성(印星)

일간(日干)을 생(生) 하는 오행을 인성(印星)이라고 하며 일간과 음양이 같으면 편인(偏印)이고 음양이 다르면 정인(正印)으로 구분한다.

도장 찍다, 찍히다, 확인하다 등을 의미하며 인정, 고향, 선생님, 학문, 교육, 종교, 윗사람, 인지능력, 탐구심, 직관력, 인덕 등을 뜻한다.

서류, 예금통장, 집문서, 계약서, 상장, 자격증, 합격증서, 기술, 기획, 아이디어 등의 의미도 있다.

직업으로는 교육이나 연구직이 길하고 일반사무직으로는 은행원, 회사원이 어울린다.

전문직으로는 의사, 종교인, 역술인 등과 같이 정신세계와 관련된 직업이 많다.

(1) 편인(偏印)

편인(偏印)은 일간(日干)을 생(生) 하는 오행이고 일간과 음양도 같다.

편인은 식신을 억제하니 복과 수명을 해치는 의미가 있다.

나이 든 노인의 경우는 도식(倒食)이라고 하여 밥숟가락을 놓는 뜻으로 해석하니 명을 달리한다는 의미가 있다.

활동이 많은 경우도 편인 운이 오면 식상을 극(剋) 하니 하는 일에 방해가 있고 중단 되는 경우가 흔하다.

남의 권리, 반쪽의 문서를 뜻하며 비생산적인 학문과 역학, 의학, 무속, 예능, 전문기술, 공학 등과 같은 편중된 학문을 의미한다.

서모, 계모의 마음을 의미하며 자기 본위 적이고 개성이 강하며 눈치가 비상하고 상황에 따라 대처능력이 빠르다.

학문에 대한 집념이 대단하고 확고한 자신만의 주관으로 한 방면에서 최고의 경지나 위치에 가고자 하는 승부 욕과 추진력은 대단하다.

식신을 극 하는 작용을 하니 용두사미의 경우가 많고 기회주의적이며 편법을 쓰는 경우가 있고 변덕을 잘 부린다.

하지만 편인을 무조건 흉으로 보아서는 안 되며 좀 더 현실적 감각이 필요한 분야에서나 자격증을 지닌 학문에서는 정인보다 훨씬 월등하다.

(2) 정인(正印)

정인(正印)은 일간(日干)이 생(生) 하는 오행이고 일간과 음양은 다르다.

반듯한 문서, 나의 권리, 생산과 관련된 학문, 명예를 계승하는 학문 등의 의미가 있고 친어머니의 마음을 뜻한다.

어머니와 같은 마음으로 보살펴주고 도움을 주는 정 많은 주변 사람을 의미하니 인덕이 많다.

흉신으로 작용하는 상관의 칠살이 되니 길신 중의 하나이다.

바르고 공정하며 명예를 중시하고 덕을 베풀며 온후하여 신망을 얻는다.

정관과 동주하면 행복과 명성을 함께 얻어 높은 지위에 오를 수 있다.

체면과 안정을 중시하고 명예지향적인 사람이며 자신이 습득한 학문이나 기술 등으로 안정된 직업을 갖는다.

침착하고 느긋한 성격과 어울리는 행동을 하며 직업이나 가정이 편안하다.

반면 정인이 많아서 인성이 강하면 후원자나 자신을 알아주는 사람에게 의존하며 상대방이 자신을 알아주기를 바라고 하소연하는 경우가 많다.

정적이고 당당하며 석, 박사와 같이 깊은 학문과 인연이 깊다.

합(合)과 충(沖)

VI
합(合)과 충(沖)

1. 천간합(天干合)

합(合)이란 서로 '묶이다, 끌어당기다, 모여서 하나가 되다'라는 뜻으로 서로 좋아하는 마음을 합친다는 의미가 있다.

천간합(天干合)이란 천간(天干)의 양간(陽干)과 천간(天干)의 음간(陰干)이 서로 합하여 다른 오행의 하나가 된다.

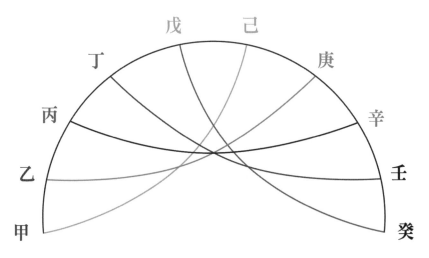

〈 천간합(天干合) 도표 〉

천간합(天干合)이란 음의 천간과 양의 천간이 두 개가 서로 합을 하여 다른 오행으로 화(化)하는 것을 의미한다.

10개의 천간 중에 5번째 해당하는 천간과 합을 하니 오합(五合)이라고도 하며, 천간과 서로 짝을 이루어 합을 하니 간합(干合)이라고도 한다.

사주 내에 천간합이 성립하려면 팔자 안에 나란히 옆에 있어야 하며 충을 하거나 다른 합으로 방해를 받지 않아야 한다.

떨어져 있는 경우에 합을 하고 싶은 마음이 간절해지니 당기는 힘이 있으므로 아쉬울 때 합으로 쓰기도 한다.

〈 천간합(天干合) 〉

天干合	적 요
甲己 合 → 土 (中正之合)	성품이 정직하고 마음이 넓으며 분수를 지킨다. 이해하는 포용력이 있지만, 고집스럽고 답답하다.
乙庚 合 → 金 (仁義之合)	강함과 부드러움을 가졌으니 인정과 의리가 있다. 아첨하지 않고 진퇴가 분명하나 독불장군 기질이 있다.
丙辛 合 → 水 (威嚴之合)	위엄있고 엄숙하여 제압하는 힘이 있다. 지나치면 잔인하고 냉정하며 뇌물을 밝히고 호색하는 기질이 있다.
丁壬 合 → 木 (仁獸之合)	정신력이 뛰어나고 자부심이 강하고 다정다감하다. 인자한 성품으로 민감하고 깨끗하지만, 고결하지는 않다.
戊癸 合 → 火 (無情之合)	용모는 아름답고 총명하다. 겉과 속이 다르니 무정하여 잠시 빛을 발하는 무지개 사랑이라고 한다.

1) 甲己 合 → 土 중정지합(中正之合)

甲은 곧은 마음을 대표하고 己는 중용을 의미하니 중정지합(中正之合)으로 분수를 지키고 마음이 너그러우며 품위가 있다.

甲은 이른 봄의 큰 나무가 하늘로 솟아 올라가려는 성향을 가지고 있는데 작은 땅의 己와 합을 하는 모양새이다.

甲의 입장에서 작은 땅에 갇힌 듯한 모습이니 합을 한 己로 인하여 답답함을 느낄 수도 있으며 그로 인해서 박력이 부족하다.

己 역시도 甲과 합을 함으로써 모양새는 근사해졌으나 희생을 해야 하는 몫이 생겼다.

합을 하여 다른 것으로 변화가 되었다기보다는 서로가 희생하고 조절하여 새로운 생산이나 재창조에 개념을 두는 것이 더 정확한 표현이다.

2) 乙庚 合 → 金 인의지합(仁義之合)

乙은 유연하고 庚은 강건함이 있으니 합을 하여 인의(仁義)가 있다. 乙은 늦봄에 예쁜 꽃으로 초가을의 단단한 庚과 합을 하였으니 열매를 의미하는 金이 결과물이 된다.

庚은 乙의 울타리가 되어 부드럽게 감싸주니 강함과 부드러움을 함께 가지고 있으며 신의가 있다.

과감하고 진퇴가 분명하지만, 과단성과 용맹성이 넘쳐서 극단적이고 독불장군 기질을 가지기도 한다.

金이 지나치게 많으면 도덕성이 결핍되고 색을 밝힌다.

여성의 경우에는 미모가 출중한 경우가 많다.

3) 丙辛 合 → 水 위엄지합(威嚴之合)

丙은 양(陽) 중에 양(陽)으로 만물을 비추며 辛은 예리함을 가지고 있으니 엄숙하고 위엄(威嚴)이 있다.

초여름에 하늘의 태양으로 늦가을에 辛과 합을 하였으니 가을 서리와 같다.

더운 태양과 보석이 만났으니 용광로에 녹는 형상으로 쇳물로 변하여 일시적인 수증기가 발생하니 결과물은 水가 된다.

위엄있고 엄숙하니 제압하는 힘은 있으나, 편중되면 잔인하고 은혜를 모르며 베풀기보다 받는 것을 탐하는 호색가 기질이 생긴다.

4) 丁壬 合 → 木 인수지합(仁獸之合)

丁은 작은 불이지만 壬을 만나면 등대의 형상이니 등대가 바다와 같은 壬을 만났으니 낭만적이고 로맨틱하다.

丁壬이 합하여 木이 되니 丁의 인수(仁獸)가 되어 인수지합(仁獸之合)이라고 한다.

늦여름의 기운으로 땅에 생명 활동을 열어주고 壬의 차가운 기운을 만나서 서로 조화하여 木의 기운을 생산한다.

남녀 모두 깨끗함을 좋아하며 감정적이고 다정하며 인자하지만, 고결하지는 않다.

음란지합(淫亂之合), 요염지합(妖艶之合)이라고도 하니 자칫 음란해지기 쉬우며 색정이 지나치고 사치를 좋아하며 질투심이 강하다.

5) 戊癸 合 → 火 무정지합(無情之合)

戊는 열기가 있는 큰 산이며 癸는 하늘에서 내리는 비가 되어 합을 하니 癸가 戊를 일방적으로 따라야 하는 형상으로 무정(無情)하다.

戊는 무더운 여름을 지나고 아직은 더운 기운이 남아있으나 곧 시들 것이고 癸는 음(陰) 중에 음(陰)으로 음기가 가장 강하니 만물이 가장 응축되어 있다.

이들이 합을 하니 잠시 잠깐은 열기가 솟구칠 수 있어서 결과물은 火가 된다.

잠시 잠깐의 아름다운 무지개와 같은 사랑이라고 하니 사랑은 짧고 정은 없어 무정하다.

나이 차이가 많은 커플이나 연하의 남자를 의미하니 부당한 결혼으로 비추어지기 쉽고 그로 인하여 주변에 말이 많다.

큰 산골짜기에서 흐르는 계곡의 형상이니 외모는 아름답다.

지지에 같은 오행이 바로 밑에 있으면 그 세력이 강하여 변화하지 않으니 합만 하고 화(化)하지는 않는 경우가 있다.

사주 원국에 합이 없어도 대운이나 세운에서 오는 천간과도 합은 한다. 합을 하는 천간끼리 다정하여 사이가 좋으니 해당하는 육친과도 정이 남다르다.

화(化)가 된다는 것은 본래의 성질과 달라질 수 있다.

용신(用神)을 제거하거나 기반 될 수 있으니 흉한 작용으로 쓰일 수 있다는 것도 기억해야 한다.

합이란 묶여서 자신의 본분을 잃어버린다는 의미가 있으니 무조건 좋다는 의미로 이해하면 곤란하다.

합을 탐하느라 고유의 성향을 잃어버릴 수 있는데 이것을 탐합(貪合)이라고 한다.

탐합에 정신을 쏟으니 본래의 성향을 잃어버리고 합거(合去)가 되는 경우가 있다.

사주 내에 천간합이 있으면 대인관계가 유연하고 사교성이 풍부하며 처세의 재능이 뛰어나다.

천간합이 많은 경우에는 성정이 부드러우며 매사 긍정적이고 타협적이지만, 결단력이 부족하고 우유부단하며 거절을 하지 못하는 단점이 있다.

원국에 합이 많은 경우는 사람들과 합을 잘하니 이성 관계가 복잡하고 헤픈 행동을 할 염려가 많으며 지나치면 흉의 작용만 커지기도 한다.

2. 천간충(天干沖)

충(沖)이란 반대의 기운이 합을 짓지 못하고 '서로 부딪쳐서 깨지다, 충격을 받아서 손상되다'라는 뜻이니 피해를 보게 되고 가난과 파란을 의미한다.

천간충(天干沖)은 힘이 비슷한 천간(天干)의 양간(陽干)은 양간끼리, 음간(陰干)은 음간끼리 서로 충(沖) 하여 깨지고 손상되는 것을 말한다.

〈 천간충(天干沖) 〉

天干沖	적 요
甲庚 相沖	급 상해 발생, 두통, 신경통, 중풍, 이성 문제
乙辛 相沖	간, 담, 관절염, 심리적 갈등, 정신적 스트레스
丙壬 相沖	심장, 중풍, 신경계, 색난 발생, 금전 문제
丁癸 相沖	신장, 방광, 심장, 소장, 남녀 이별
戊甲 相沖	피부, 위장, 허리, 송사 발생
己乙 相沖	복막염, 비장, 중풍, 하체 상해 발생
庚丙 相沖	두통, 수족, 화재, 대장, 교통사고 발생
辛丁 相沖	폐 질환, 수족, 신경, 화재, 신병 발생
壬戊 相沖	간, 복부, 방광, 혈액, 당뇨 발생
癸己 相沖	복부, 신장, 설사, 신경성 위염 발생

천간충(天干沖)이란 6번째 만나는 천간(天干)과 충을 하며 음양이 같은 두 천간의 오행이 상극을 이루고 있다.

천간충도 나란히 있을 때 충을 하며 서로 부딪쳐서 깨지니 매사 안정을 찾기가 어렵다.

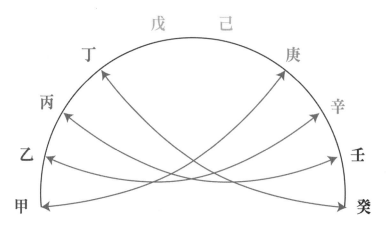

〈 천간충(天干沖) 도표1 〉

천간충 중에서 甲庚 沖, 乙辛 沖, 丙壬 沖, 丁癸 沖의 작용력이 가장 강하다.

甲庚 沖과 乙辛 沖은 금목상충(金木相沖)이라고 하며 금전 문제나 이성 문제가 발생하기도 한다.

丙壬 沖과 丁癸 沖은 수화상충(水火相沖)이라고 하며 물과 불은 함께 공존하기가 어려우니 스트레스로 인한 조울증이 발생하기도 한다.

丙壬 沖은 수화상충이라고 하여 가장 꺼리지만, 넓은 바다 위에 태양이 뜨는 형상이니 남녀 사이에서 아름답게 보기도 하며 좋은 뜻으로 해석할 때가 있다.

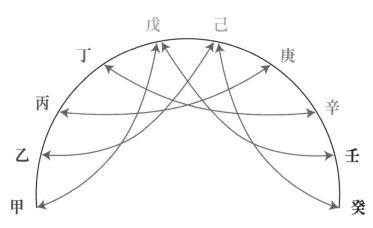

〈 천간충(天干沖) 도표2 〉

戊甲, 己乙, 庚丙, 辛丁, 壬戊, 癸己도 상충에 해당하지만, 극(剋) 하는 성질로만 보는 경우가 많다.

하지만 때에 따라서 크게 흔들리는 경우가 많으니 사주팔자의 전반적인 흐름을 잘 읽고 판단해야 한다.

천간충은 서로 부딪쳐 충돌을 일으키는 과정에서 발생하는 운동 에너지의 활성화로 파산, 이별, 질병, 수술, 죽음, 사고 등과 같은 흉이 발생한다.

전쟁을 뜻하기도 하니 충을 하여 이겼더라도 상처는 남는 법이므로 나쁘게 작용하는 의미가 크다.

천간충은 판단력의 냉정함이 있으며 날카롭고 부정적인 면이 있으니 사주팔자 내에 들어있으면 제일 흉한 것으로 본다.

천간에 충이 많으면 외모가 아름답지 못하고 불화와 논쟁이 심하여 흉한 의미가 더 커진다.

극(剋) 하는 것보다 더 적극적이고 구체적인 작용을 한다.

일간이 약하지 않으면 자극이 되어 길하게 발전하는 경우가 많으며 오히려 합변(合變)할 때가 더 두렵다고 본다.

나쁘게 작용하는 글자를 충 하는 경우는 그 흉의 작용이 약해지므로 역시 길하게 작용한다.

운에서 충이 오면 외부로 길흉의 작용이 현실로 드러나게 된다.

합이나 충이 없는 사주의 경우는 매사 긍정적이지만 조금은 소극적이며 인생을 무미건조하고 무심하게 보낸다.

합과 충이 혼란스럽게 많은 사주의 경우는 인정이 없고 인덕이 부족하며 히스테리가 심하고 변덕이 많아서 매사 일관성이 부족하다.

천간충은 궁의 자리나 위치에 따라 해석이 다르다.

팔자 내에 있는 경우 한평생 작용하지만 운에서 충을 하는 경우는 다양한 형태로 신수가 바뀌니 잘 살펴보아야 한다.

섣불리 판단하지 말고 사주 원국(原局)의 전반적인 것을 살펴보고 감명해야 실수가 없다.

3. 지지합(地支合)

    지지합(地支合)은 육합(六合)이라고 하며 십이지 속에서 두 개의 지지(地支)가 서로 합하는 것을 의미한다.

    천문(天文)에서 비롯된 것으로 천간합(天干合)과는 달리 화(化)한 오행은 큰 의미는 두지 않는다.

    지장간(地藏干)의 속성을 파악하고 지지에 단순한 합으로 이해하면 된다.

〈 지지합(地支合) 도표 〉

    지지합(地支合)은 12지지 중에서 첫 번째 子와 두 번째 丑이 합을 한다.

    子와 丑을 기준으로 丑의 다음 寅과 子의 이전 亥와 합을 한다.

    寅의 다음 卯와 亥의 이전 戌과 합을 한다.

卯의 다음 辰과 戌의 이전 酉와 합을 한다.

辰의 다음 巳와 酉의 이선 申과 합을 한다.

巳의 다음 午와 申의 이전 未와 합을 한다.

모두 12개에 해당하는 지지가 두 개씩 짝을 이루어 합을 하니 육합(六合)이라고 한다.

〈 지지합(地支合) 〉

地支合	적 요
子丑 合 → 土	얼음물과 언 땅이 合을 하여 습하고 냉하다. 생명체의 번식에 애로가 있는 동토(凍土)이다.
寅亥 合 → 木	木의 기운과 木을 가장 잘 양육시키는 水가 合을 하니 木의 힘이 강해지며 결과물이다.
卯戌 合 → 火	木이 土를 극 하는 형태로 合을 하며 戌 중에 火기가 발생함을 의미한다.
辰酉 合 → 金	습하고 금을 가장 잘 생(生) 하는 辰이 酉를 만나 合을 하니 金이 결과물이다.
巳申 合 → 水	생지끼리 合을 하니 水가 되는 것은 무리가 있다. 오히려 金기가 강한 것으로 본다.
午未 合 → 火土	合만 하고 化 하지 않으며 실제로 생산되는 것은 없다고 본다.

1) 子丑 合 → 土

어둠 속에서 모든 만물이 씨앗의 형태로 있으며 아직은 너무 습하고 냉하여 木이 생장하기에는 어려움이 있다.

얼어있는 물의 子와 언 땅의 丑이 만나서 합을 하니 차가운 동토(凍土)가 된다.

土剋水의 관계에서 합을 하니 극 하는 土로 화(化)하여 극합(剋合)이라고도 한다. 하지만 세력에 따라서 합만 하기도 하며, 土가 아니라 水로 화(化)하기도 하니 잘 살펴보아야 한다.

2) 寅亥 合 → 木

水生木으로 합을 하니 상생의 합으로 木의 건록지 寅과 木의 장생지 亥가 만나서 합을 한다.

木을 양육하는데 합력이 강력하여 결과물이 된다.

역마의 합으로 생합(生合)이니 육합(六合) 중에 가장 합력하는 에너지가 강하다.

3) 卯戌 合 → 火

木剋土의 관계에서 합을 하니 상극관계로 극합(剋合)이며 戌 중에 암장(暗藏)되어 있는 火기가 발생함을 의미하니 결과물이 된다.

극을 하는 형태에서 합을 하여 화기(火氣)보다 열기가 발생하는 정도라고 볼 수 있다.

도화에 해당하는 卯와 戌이 만나서 합을 하니 도화지합(桃花支合)이라고도 한다.

4) 辰酉 合 → 金

土生金으로 합을 하니 상생(相生) 관계의 합이지만, 봄의 기운과 가을의 기운이 합을 하여 강압적인 형태의 모습이다.

하지만 습하면서 가장 土生金을 잘하는 辰이 가장 강력한 금의 기운 酉를 만나 합을 하니 결과물은 金이 된다.

5) 巳申 合 → 水

火剋金의 관계에서 합을 하니 극합(剋合)이며 金의 장생지 巳와 水의 장생지 申이 만나서 합을 한다.

생지끼리 만나서 합을 하고 상극의 관계에서 합을 하니 역마와 망신의 합이라고 하며 적과 동침이라고도 한다.

생지끼리 합을 하니 합하여 水가 되는 것은 역시 무리가 있다.

지장간을 살펴보면 오히려 金기가 더 강한 것으로 봐야 옳다.

6) 午未 合 → 火 土

火生土의 관계에서 합을 하니 상생의 합이지만, 화(化)하지는 않는다.

火, 土의 기운이 융화할 뿐 실제로 합하여 생산되는 것은 없다고 봐야 옳다. 하지만 세력에 따라서 火와 土로 화(化)할 때도 있다.

지지의 육합은 새로운 생산은 있으나 자기희생의 의미가 있으며 단결하여 화합하는 힘을 더해주니 힘의 균형이 강해진다.

지지합도 팔자 안에 나란히 옆에 있어야 합을 하고 운이 올 때도 합을 하며 다른 합이나 충이 없어야 성립한다.

서로 합을 하니 다정하고 베풀어 주고 싶은 마음이 있으며 해당하는 육친끼리도 다정하다.

합도 지나치면 충보다 못할 때가 있으며 결단력이 부족하고 정에 이끌려 거절을 못하는 단점이 생긴다.

합하여 세력이 지나치게 신강하면 나쁘게 작용할 때가 더 많다.

크레온의 사주명리학

4. 지지충(地支沖)

지지충(地支沖)은 12지지의 반대 방향에 마주 보고 있는 지지끼리 부딪침을 의미한다.

상호 충(沖), 극(剋) 하여 서로 해를 입게 되니 상충(相沖)이라고 한다. 지지 안에 숨어 있는 지장간의 작용을 살펴보아도 서로 피해를 주는 경향이 크다.

생지, 왕지, 묘지(고지)에 따라서 피해를 주는 특성이 조금씩 다르다.

〈 지지충(地支沖) 도표 〉

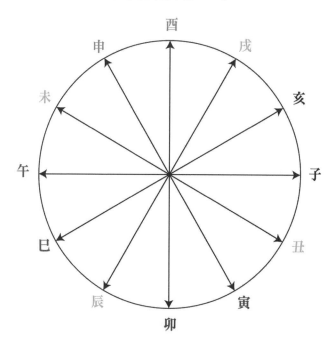

지지충(地支沖)은 지지끼리 나란히 옆에 있으면서 충을 하니 매사 불안정하고 좌불안석(坐不安席)이다.

지지충이 원국(原局)에서 떨어져 있으면 충의 작용은 적으나 해당하는 육친 간의 정이 없다.

지지는 사주팔자의 환경이니 성장 과정이 불안정하고 궁에 따라서 육친 간의 덕도 부족하다.

주거의 이동이 잦아지고 직업의 변동이 생기며 배우자와 이별 수가 발생하기 쉽다.

〈 지지충(地支沖) 〉

地支沖	적 요
子午 相沖	왕지의 충이니 환경변화가 많다. 도화의 충으로 애정 문제가 빈번하게 발생한다.
丑未 相沖	형제, 친구, 친척, 인간관계에서 소외당하기 쉽다. 베풀어도 공덕이 없다.
寅申 相沖	활동력은 좋으나 용두사미의 경우가 많다. 외상이나 교통사고가 발생하기 쉽다.
卯酉 相沖	부부궁에 있을 때는 서로 원수가 된다. 수족을 다칠 염려가 있으니 매사 주의가 필요하다.
辰戌 相沖	고독충으로 이성 관계에서 말썽이 생긴다. 곤란한 일이 생기면 속수무책이다.
巳亥 相沖	역마의 충이니 변동이 크고 긁어 부스럼 만드는 격이다. 무조건 참아야 상책이다.

1) 子午 상충(相沖)

왕지끼리 충을 하니 소심하고 매사 전전긍긍 걱정이 많으며 실속도 없이 동분서주 바쁘다.

도화의 충이니 심성은 정직하나 환경에 변화가 많고 부부관계가 원만하지 못하며 이성 문제가 빈번하게 발생한다.

심장과 신장 질환이 발생하기 쉽고 정서적으로 안정감이 부족하니 신경계통에 주의해야 한다.

年과 月에 있으면 일찍부터 이민이나 해외 출타가 빈번하다.

2) 丑未 상충(相沖)

묘지(고지)끼리 충을 하니 땅이 흔들려서 土의 역할을 하기가 어려우며 붕충(朋沖)으로 매사 불안정하다.

형제, 친구, 친척, 인간관계에서 소외되거나 외면당하기 쉽고 베풀어도 공덕이 없다. 잘 나갈 때는 항상 주위에 사람이 많으나 어려움이 닥치면 애쓴 보람도 없이 외면당하고 항상 손재수가 뒤따른다.

매사 느긋한 처신이 필요하며 맏이가 아니어도 역할을 해야 하는 경우가 흔하다.

3) 寅申 상충(相沖)

생지끼리 충을 하니 역마의 충으로 항상 분주하고 바쁘며 변동 수가 많다.

활동력은 좋으나 용두사미(龍頭蛇尾)가 되기 쉽고 나서기를 좋아하니 고생을 사서 하는 경우가 많다.

남녀 간의 분쟁으로 이별수가 많고 교통사고가 자주 발생할 수 있으니 외상을 조심해야 한다.

주거의 변동이 잦으며 간이나 대장, 신경통 등과 관련된 질환을 주의해야 한다.

4) 卯酉 상충(相沖)

원수의 충이라고 하여 부부궁에 있을 때는 원수가 되고 대인관계도 항상 배신이 따른다. 친인척 사이에서 상쟁이 발생하며 금전 문제도 배신의 소지가 다분하다.

호의를 베풀고도 좋은 소리를 듣지 못하니 참지 못하고 내 자리를 스스로 떨쳐 나오게 된다.

간이나 폐 질환을 조심해야 하며 수족을 다칠 염려가 많으니 매사 주의가 필요하다.

5) 辰戌 상충(相沖)

묘지(고지)끼리 충을 하니 땅이 흔들려서 土의 역할을 하기가 어려우며 매사 불안정하다. 땅이 붕충(朋沖)으로 흔들리면 지장간 안에 있는 오행들이 튀어나와서 현실의 문제로 드러난다.

고독 충으로 과묵하고 이성 관계에서 자주 말썽이 생기며 신의는 잘 지키나 곤란한 일이 생기면 속수무책이다.

지나치게 돈을 밝혀서 주변으로부터 외면을 당하고 땅과 관련된 관재구설이 발생하기 쉽다.

간혹 좋은 명조로 행운을 잘 만나면 고귀한 위치에 오르기도 한다.

위장과 피부질환에 주의해야 한다.

6) 巳亥 상충(相沖)

생지끼리 충을 하니 역마의 충이며 변동이 많고 항상 분주하며 일관성의 부족으로 갈등이 많다.

매사 긁어 부스럼 만드는 격이니 참는 것이 상책이며 대인관계도 구설이 빈번하다.

곤명(坤命)은 항상 바쁘나 별 소득이 없다.

화재나 교통사고를 조심하고 심장질환이나 고혈압, 당뇨, 비뇨기 질환 등을 주의해야 한다.

경찰관, 형사, 법조계에 근무하면 길하다.

월지(月支)에 상충이 있을 때 더욱 나쁘게 보는데 이는 월지가 사주의 기운에 미치는 영향이 크기 때문이다.

일지에 충이 있으면 가정이 안정되지 못하고 평생 파란을 많이 겪게 되며 가정 운이 불길하니 배우자의 사이에 이별과 불화가 빈번하다.

자식궁에 위치하면 자식 문제로 애를 먹거나 노후의 건강문제가 발생할 수 있으며

크레온의 사주명리학

말년이 고독하다.

　생지끼리 충을 하면 지장간(支藏干)의 작용으로 승패가 반복해서 나타나며 그로 인해 인간관계도 마음의 동요가 심해지니 가장 나쁜 작용을 한다.

　왕지의 충은 승패가 명확하니 질병이나 사건, 사고 등의 결과가 발생한다.
　도화에 해당하니 애정 문제가 반드시 생기게 됨을 의미한다.
　왕지의 충은 생지 충 다음으로 나쁘게 작용하는 것으로 본다.

　묘지의 충은 붕충(朋沖)이라 하여 나쁘게 작용하는 것이 약해지고 같은 土끼리 만나서 충을 하니 충이라 볼 수 없다.
　하지만 지장간(支藏干)을 살펴보면 서로 충을 하는 모습이 있어서 겉으로 드러나지 않는 일이나 종교적인 일, 묶은 일, 옛일 등과 같은 의미가 있다.

　원국(原局)에는 충이 없어도 운에서 지지충이 올 수 있으며 해당하는 육친과 문제가 발생하거나 신변에도 변화가 올 수 있으니 신수를 볼 때는 전체적으로 잘 살펴보아야 한다.

5. 방합(方合)

방합(方合)이란 춘하추동(春夏秋冬)에 해당하는 같은 계절의 기운이 십이지 중에서 세 개의 지지가 합하여 변하는 것을 의미한다.

특별한 변화가 아닌 같은 지지의 기운이 뭉치는 형상으로 같은 계절의 합이다.

친구의 합이라고도 하며 동서남북과 같은 사방위에 해당하는 합이다.

〈 방합(方合) 도표 〉

방합(方合)은 같은 계절과 같은 방위에 해당하는 합이니 전생에서부터 맺어진 형제의 합이라고도 한다.

모여서 하나가 된 오행의 결속력은 삼합(三合)보다 더 강하다.

어떠한 세력이나 상충, 형, 파, 해가 와도 흩어지지 않는 응집력이 있으며 외부의 충격이 오면 결속력은 더욱 강해지기도 한다.

126

〈 방합(方合) 〉

방합(方合)	寅卯辰 合 → 東方 木局
	巳午未 合 → 南方 火局
	申酉戌 合 → 西方 金局
	亥子丑 合 → 北方 水局

1) 寅卯辰 合 → 동방(東方) 木局

寅卯辰은 왕지에 해당하는 卯의 대표하는 木 기운으로 국(局)을 이루었으며 계절은
봄이다.

土는 木을 완성 시키는 실체로 계절에 맞는 辰土의 기운과 합을 한다.

생지, 왕지, 묘지(고지)에 해당하는 세 개의 지지가 순수한 오행의 木의 기운으로 완
전한 역할을 한다.

2) 巳午未 合 → 남방(南方) 火局

巳午未는 왕지에 해당하는 午의 대표하는 火 기운으로 국(局)을 이루었으며 계절은
여름이다.

土는 火를 완성 시키는 실체로 계절에 맞는 未土의 기운과 합을 한다.

생지, 왕지, 묘지(고지)에 해당하는 세 개의 지지가 순수한 오행의 火의 기운으로 완
전한 역할을 한다.

3) 申酉戌 合 → 서방(西方) 金局

申酉戌은 왕지에 해당하는 酉의 대표하는 金 기운으로 국(局)을 이루었으며 계절은
가을이다.

土는 金을 완성 시키는 실체로 계절에 맞는 戌土의 기운과 합을 한다.

생지, 왕지, 묘지(고지)에 해당하는 세 개의 지지가 순수한 오행의 金의 기운으로 완전한 역할을 하게 된다.

4) 亥子丑 合 → 북방(北方) 水局

亥子丑은 왕지에 해당하는 子의 대표하는 水 기운으로 국(局)을 이루었으며 계절은 겨울이다.

土는 水를 완성 시키는 실체로 계절에 맞는 丑土의 기운과 합을 한다.

생지, 왕지, 묘지(고지)에 해당하는 세 개의 지지가 순수한 오행의 水의 기운으로 완전한 역할을 한다.

삼합은 생지, 왕지, 묘지(고지)가 만나서 국(局)을 이루며 세글자가 만나서 삼합을 이루지만 두 글자만 있어도 합은 한다.

방합은 두 글자만 있으면 합을 하지 않고 글자의 오행에 해당하는 세력으로 본다. 하지만, 같은 세력의 두 글자가 나란히 있는 경우 합을 하여 세력이 더 커지니 합을 한다고 보는 것이 옳다.

생지와 왕지 두 글자가 있으면 반합(半合)을 이루고, 왕지와 묘지가 있어도 반합은 이룬다.

방합보다 미약하고 주변 환경에 의해서 변화가 오지만 왕지에 의해서 세력이 커진다.

생지와 묘지가 합을 하면 화(化)하는 세력의 왕지가 빠졌으니 가합(假合)을 이루며 왕지가 오는 운에서 완성된 방합을 이룬다.

방합을 이루는 운에서는 세력이 확장되니 운세의 변화가 더욱 크다.

방합은 형제나 가족의 합이라고 하여 결속력이 좋은 만큼 주변 환경에 영향을 덜 받지만, 세력이 강하니 팔자의 균형을 이루기가 어렵다.

사주 내에 방합이 국(局)을 이루어 합을 하면 해당하는 오행은 외고집이 생기고 타협이 어려우며 사회와는 고립된 경향이 많아서 어려움을 겪게 된다.

일간이 방합을 다스릴 수 있는 능력의 여부에 따라서 격은 크게 달라질 수 있다.

6. 삼합(三合)

삼합(三合)이란 십이지 중에서 서로 다른 세 개의 지지가 합하여 국(局)을 이루어 세력이 강해져서 다른 오행으로 화(化)하는 것을 의미한다.

서로 다른 세 개의 지지가 만나서 지장간(支藏干)에 있는 공통요소를 가진 합으로 새로운 오행의 기운으로 변화한다.

오행 중 생지, 왕지, 묘지(고지)가 합을 이루는 것을 말한다.

〈 삼합(三合) 도표 〉

삼합(三合)은 합을 해서 화(化)하는 오행이 왕지의 정기를 따른다.

합을 하는 지지는 나란히 옆에 있어야 하며 다른 오행이 간섭하면 합을 이루기가 어렵다. 삼합의 글자가 팔자에 떨어져 있으면 합을 이루려는 마음이 더욱 간절해지니 육친 간의 정이 남다르다.

삼합(三合)은 생지, 왕지, 묘지(고지)의 서로 다른 세글자가 만나서 국(局)을 이룬다.

세글자가 만나야 삼합을 이루지만, 두 글자만 있어도 합은 한다.

생지와 왕지 두 글자가 있으면 반합(半合)을 이루고, 왕지와 묘지가 있어도 반합을 이룬다.

삼합보다 미약하고 주변 환경에 의해서 변화가 올 수 있지만, 왕지에 의해서 세력이 커진다.

생지와 묘지가 합을 하면 화(化)하는 세력의 왕지가 빠졌으니 가합(假合)을 이루며, 왕지가 오는 운에서 삼합을 완성한다.

〈 삼합(三合) 〉

삼합(三合)	寅午戌 合 → 火局
	巳酉丑 合 → 金局
	申子辰 合 → 水局
	亥卯未 合 → 木局

1) 寅午戌 合 → 火局

寅午戌은 양간(陽干)의 삼합(三合)으로 화국(火局)을 이루었으니 염상(炎上)이라고 하여 열기와 광채를 밝히고 확산하는 기운으로 뜨겁다.

불같이 뜨거우니 매사가 정열적이지만, 이내 식어버려서 오래도록 지속하기는 어려우니 인내심이 부족하다.

2) 巳酉丑 合 → 金局

巳酉丑은 음간(陰干)의 삼합(三合)으로 금국(金局)을 이루었으니 종혁(從革)이라고 하며 단단하고 강하다.

정복하는 기질이 있고 나를 따르라는 의미가 있으며 대인관계에서는 맺고 끊음이 확실해서 인기가 있다.

반면 냉혹한 일면과 속마음은 노출하지 않는다.

3) 申子辰 合 → 水局

申子辰은 양간(陽干)의 삼합(三合)으로 수국(水局)을 이루었으니 윤하(潤下)라고 하여 호수가 강을 이루어 모이며 높은 곳에서 낮은 곳으로 흐르는 의미가 있다.

삼합으로 흙탕물이 되기도 하고 폐수나 오염된 물로 뒤섞이기도 하지만 유유히 잘 흐른다.

삼합을 이루면 잘 속하고 잘 섞이는 의미가 있고 유랑, 유흥, 외교 등을 뜻한다.

4) 亥卯未 合 → 木局

亥卯未는 음간(陰干)의 삼합(三合)으로 목국(木局)을 이루었으며 곡직(曲直)이라고 하여 하늘로 뻗어가는 성질이 고집스러우니 남에게 굽히거나 지는 것을 싫어한다.

창조적이고 인정이 많으며 적극적이지만 우월감과 자존심이 너무 강한 단점이 있다.

삼합을 이루는 운에서는 세력이 확장되니 운세의 변화가 더욱 커진다.

삼합은 생사(生死)에 해당하는 지지가 모여서 하나가 되니 친밀도는 방합(方合)보다 강하여 사회적 합이라고도 한다.

삼합은 융통성이 있어서 어떤 사람과도 대화가 잘 되고 소통이 잘되며 마음이 둥글고 넓으니 어려운 일이 닥쳐도 쉽게 해결을 잘한다.

사주 내에 삼합이 국(局)을 이루면 나라를 이룬다고 하여 힘의 크기가 매우 커지고 국을 이루는 오행의 영향력은 대단하다.

삼합은 충(沖)을 당하면 쉽게 깨지며 외부충격이나 간섭이 있으면 약해지지만, 일주가 삼합을 다스릴 힘만 있다면 명성이 높은 사람이 될 수 있다.

원국(原局)에 삼합이 있어도 화(化)하는 세력에 의해 합만 하고 화(化)하지 않는 경우가 있다.

태어난 띠의 삼합으로 결혼 시기나 남녀 간의 궁합을 보고 이사 및 택일을 정할 때도 사용하며 삼재도 삼합과 연관성이 있다.

암합(暗合)이란 사주 원국(原局)의 천간(天干)과 지장간(支藏干)에 암장(暗藏)되어 있는 오행이 합을 하는 작용을 의미한다.

지장간(支藏干)은 지지에 숨어 있는 천간의 요소이고 계절의 끝과 다음 계절의 시작이 연결되며 계절 간을 이어준다.

사주 원국(原局)에서 천간이 지지 안에 숨어 있는 지장간(支藏干) 글자와 합을 하기도 하지만 때로는 바로 옆에 있는 지장간끼리도 합을 한다.

암합은 암장(暗藏)되어 있으니 겉으로 잘 드러나지 않고 남몰래 은밀하게 하는 합으로 지장간(支藏干) 중에서 정기(正氣)가 관여하는 합이다.

암합은 법적으로 인정받지 못하는 비밀단체나 몰래 하는 사랑으로 그 작용력은 친밀하고 조직적이다.

겉으로 드러나지 않는 숨은 마음이나 은밀한 연애사 및 비밀을 읽을 수 있으며 몰래 합을 하니 부정적 의미로 해석할 때가 더 많다.

곤명(坤命)은 정관과 암합을 하고 원국(原局)에 정관이 투출(透出) 되면 반드시 배우자 몰래 정부를 두게 된다.

건명(乾命)도 정재와 암합을 하고 원국(原局)에 정재가 투출(透出) 되면 배우자 몰래 외간여자를 두게 된다.

그렇다고 무조건 부정적인 의미로 해석할 필요는 없으며 합을 하여 단결되니 유정(有情)하고 좋은 작용을 하면 그 힘이 강해진다.

사주 원국에 없는 오행이 지장간에 있고 합을 이루게 되면 해당하는 육친 또는 오행의 특성에 따른 또 다른 해석이 필요하다.

무재(無財) 사주의 경우 원국에는 배우자가 없으나 암합으로 재와 합을 하면 배우자운이 올 때 좋은 인연을 만나서 혼인할 수 있다.

천간과 지지 안의 합으로 이루어지는 암합에는 丁亥, 戊子, 辛巳, 壬午가 있다.

지지 안의 지장간끼리 작용하는 암합은 子戌, 丑寅, 寅未, 卯申, 午亥가 있다.

子辰과 巳酉도 지지끼리 작용하는 암합에 해당하나 왕지가 있는 삼합에 해당하니 암합에는 포함 시키지 않는다.

〈 지장간(支藏干)의 구분 〉

地支	子	丑	寅	卯	辰	巳	午	未	申	酉	戌	亥
餘氣	壬	癸	戊	甲	乙	戊	丙	丁	戊	庚	辛	戊
分野	10	9	7	10	9	5	10	9	7	10	9	7
中氣		辛	丙		癸	庚	乙	乙	壬		丁	甲
分野		3	7		3	9	9	3	7		3	5
正氣	癸	己	甲	乙	戊	丙	丁	己	庚	辛	戊	壬
分野	20	18	16	20	18	16	11	18	16	20	18	18

지장간(支藏干)은 그달의 절입일(節入日)로부터 여기(餘氣), 중기(中氣), 정기(正氣)로 작용한다.

여기(餘氣)는 전월(前月)의 기운이 완전히 사라지지 않았으니 달이 시작하는 초기에는 전달의 기운이 남아있음으로 지난달 정기의 기운과 같다.

중기(中氣)는 지지가 삼합(三合)을 할 때 왕지에 해당하는 子, 午, 卯, 酉와 같은 천간의 오행을 쓰며 여기보다 강력하게 영향력을 발휘한다.

정기(正氣)는 지장간(支藏干)의 가장 강력한 대표 오행으로 그달의 기가 무르익어서 본래 기운이며 지지와 같은 오행의 천간이니 가장 왕성한 기운이다.

여기, 중기, 정기는 계절에 따라서 오행이 왕하고 쇠하게 된다.

암합은 말 그대로 항상 합의 작용이 드러나는 것은 아니며 사주 원국에 암합을 가지고 있으면서 대운이나 세운에서 만나면 은밀함이 현실로 나타나게 된다.

지장간에 있는 것이 천간에 투간(透干) 되어 합이 되거나 특히 충(沖)이 오는 시기에 튀어나와서 육친과의 변화가 현실로 드러난다.

지지의 기운은 지장간에 숨겨져 있으니 오행만으로 쉽게 판단하면 안 되며 지장간의 합을 잘 살펴보고 감명해야 한다.

〈 지장간(支藏干)을 쉽게 외우는 방법 〉

十二地支	支藏干	적 요
寅	戊丙甲	
卯	甲 乙	
辰	乙癸戊	
巳	戊庚丙	
午	丙己丁	
未	丁乙己	
申	戊壬庚	
酉	庚 辛	
戌	辛丁戊	
亥	戊甲壬	
子	壬 癸	
丑	癸辛己	

크레온의 사주명리학

형(形) / 파(破) / 해(害) / 공망(空亡)

VII
형(形), 파(破), 해(害), 공망(空亡)

1. 삼형살(三形殺)

刑	살 자체는 악하니 겹치면 크게 작용한다.	
丑戌未	持勢之形	세력다툼, 배신, 수술, 여성은 부부불화
寅巳申	無恩之形	은혜가 없다. 잘 작용하면 출세할 수 있다.
子卯	無禮之形	복잡한 이성 관계, 불륜, 구설 등이 생긴다.

1) 축술미 삼형살(丑戌未 三形殺)

丑戌未 삼형살은 지세지형(持勢之形)으로 같은 오행의 土 기운으로 만났으니 세력을 믿고 형(形)과 극(剋)을 하여 자기중심적인 행동과 사고로 실패가 따르는 살이다.

배신과 불신의 의미가 있다지만 잘 작용하면 생사의 결정 권한을 휘두를 수도 있다.

두 글자만 있으면 삼형살은 적용되지 않고 土의 기운으로 보지만, 운에서 나머지 한 글자를 만나면 삼형살로 작용된다.

명(命)에 따라서 쉽게 성사될 일도 어렵게 꼬이는 수가 많으며 수술이나 사고 수를 암시하니 항시 주의가 필요하다.

크레온의 사주명리학

2) 인사신 삼형살(寅巳申 三形殺)

寅巳申 삼형살은 무은지형(無恩之形)으로 지장간에 있는 글자끼리 상생(相生)하여 은혜는 입었으나 서로 충(沖)도 하고 형(形)을 하는 모양새이다.

생지와 역마에 해당하니 주거가 불안정하고 형제, 친척, 친구, 동기간에 배신이 있다. 대인관계도 시비가 발생하여 송사나 관재수로 이어지는 경우가 생긴다.

속전속결로 처리하는 성정이 있어서 후회를 낳는 경우가 많으며 관형이나 교통사고, 약물중독, 수술 등으로 이어지는 경우가 있다.

원국과 조화롭게 잘 작용하면 오히려 크게 출세하여 이름을 떨치기도 한다.

3) 자묘 형살(子卯 形殺)

子卯 형살은 무례지형(無禮之形)으로 水生木의 상생 관계이지만, 도화의 형으로 은혜를 모르고 예의가 없으니 형살이 적용된다.

주로 이성 관계에서 불륜이나 무례, 간통, 구설 등을 뜻하며 성병이나 자궁, 비뇨기, 간 기능과 관련된 질환이 발생함을 의미한다.

삼형살(三形殺)은 세 가지의 형살(刑殺)이 있으며 세력끼리 이해문제로 발생하는 갈등과 형(刑) 적인 문제를 의미한다.

12지지 중에서 세 개 또는 두 개가 서로 형(刑)을 한다.

형(刑)은 관재(官災), 송사, 시비, 사고, 질병, 수술 등을 암시하며 그 암시와 관련된 직업을 갖게 되는 것을 의미하기도 한다.

사주 내에 삼형살이 있으면 대인관계가 원만하지 못하고 파탄이 생길 수 있다.

반면 형살도 이롭게 작용할 때가 있으니 궁의 위치에 따라서 잘 살펴보아야 한다.

2. 파(破)

破	子酉	丑辰	寅亥	卯午	巳申	戌未

　파(破)는 합을 이룬 글자 중 하나가 다른 글자가 들어와서 합하려 하니 쟁합(爭合)이 발생하여 파가 되는 것을 의미한다.

　파괴와 붕괴 및 분리의 의미가 있어서 흉하며, 6개의 살이니 육파살(六破殺)이라고도 한다.

　파는 나쁘게 작용하는 의미가 충보다는 약하여 그렇게 중요하게 여기지 않지만 '깨뜨리다, 부서지다'라는 의미가 있어서 궁합을 볼 때는 불길하게 해석한다.

　생지에 해당하는 파살은 寅亥破, 巳申破가 있으며 역마에 해당하니 변동이 많고 학업이 중단되며 부모 형제와의 갈등이 생긴다.

　왕지에 해당하는 파살은 子酉破, 卯午破가 있으며 성장환경이나 가정환경, 직업에 변동이 생기며 배우자 인연이 좋지 못하다.

　묘지(고지)에 해당하는 파살은 丑辰破, 戌未破가 있으며 건강문제가 발생하며 원만한 가정을 이루기 어렵다.

　파살은 궁에 따라서도 변동이 있으며 時에 들어있으면 말년의 운세가 힘들다.

　합이나 충이 되어 영향을 미치지 않는 경우가 대부분이지만, 흉신을 제거하여 이롭게 적용될 때도 있으니 원국을 잘 살펴본 후 분석해야 한다.

* **寅亥 : 합, 파**
* **巳申 : 합, 형, 파 ☞ 凶이 더 크다.**

3. 해(害)

害	子未	寅巳	卯辰	丑午	申亥	酉戌

해(害)는 육합(六合)이 되는 두 글자 중 하나를 충(沖) 하여 합을 방해할 때 발생하며 해치는 의미가 있다.

6개의 살로서 육해살(六害殺)이라고 하며 불미스러운 일이 발생하게 된다는 의미이다.

일(日)과 시(時)에 있을 때 가장 두렵게 보며 육친 간에 정이 없고 주변 사람들과도 갈등이 생기니 흉하다.

子와 丑이 육합을 하려는데 未가 丑을 충 하여 방해를 한다.
寅이 亥와 육합을 하려는데 巳가 亥를 충 하여 방해를 한다.
卯가 戌과 육합을 하려는데 辰이 戌을 충 하여 방해를 한다.
午가 未와 육합을 하려는데 丑이 未를 충 하여 방해를 한다.
申이 巳와 육합을 하려는데 亥가 巳를 충 하여 방해를 한다.
酉가 辰과 육합을 하려는데 戌이 辰을 충 하여 방해를 한다.

팔자에 해(害)가 있으면 육친에 문제가 발생하고 월(月)에 있으면 고독하며 일(日)과 시(時)에 있으면 노년에 잔병이 많이 발생한다.

파(破)처럼 나쁜 의미로 작용하는 것은 아니며 일지를 중심으로 해(害)를 보고 사주가 좋으면 크게 작용하지 않는 경우가 더 많다.

4. 육십갑자(六十甲子)와 공망(空亡)

음양오행설과 함께 십진법(十進法)의 주기를 나타내는 십천간(十天干)과 십이진법(十二進法)의 편성법을 육십갑자(六十甲子)라고 한다.

갑자(甲子)에서 계해(癸亥)까지 60가지의 문자로 이루어져 있으며 천간을 따라 지지가 종(從)을 하여 움직이며 천간과 지지가 하나로 결합하는 것을 의미한다.

〈 육십갑자(六十甲子)와 공망 〉

六十甲子										空亡
甲子	乙丑	丙寅	丁卯	戊辰	己巳	庚午	辛未	壬申	癸酉	**戌亥**
甲戌	乙亥	丙子	丁丑	戊寅	己卯	庚辰	辛巳	壬午	癸未	**申酉**
甲申	乙酉	丙戌	丁亥	戊子	己丑	庚寅	辛卯	壬辰	癸巳	**午未**
甲午	乙未	丙申	丁酉	戊戌	己亥	庚子	辛丑	壬寅	癸卯	**辰巳**
甲辰	乙巳	丙午	丁未	戊申	己酉	庚戌	辛亥	壬子	癸丑	**寅卯**
甲寅	乙卯	丙辰	丁巳	戊午	己未	庚申	辛酉	壬戌	癸亥	**子丑**

육십갑자의 편성법은 10천간과 12지지가 짝을 이룬다.

첫 번째 천간(天干)의 甲과 지지(地支)의 첫 번째 子와 짝을 이루고 다음의 천간과 지지가 차례대로 서로 짝을 이룬다.

천간은 10개이고 지지는 12개이니 지지의 11번째 戌과 12번째 亥가 남게 되어 이를 공망(空亡)이라고 한다.

육십갑자 중에서 일주를 기준으로 하여 해당하는 공망을 찾으면 된다.

甲子 일주부터 癸酉 일주까지는 戌, 亥가 공망에 해당한다.

甲戌 일주부터 癸未 일주까지는 申, 酉가 공망에 해당한다.

甲申 일주부터 癸巳 일주까지는 午, 未가 공망에 해당한다.

甲午 일주부터 癸卯 일주까지는 辰, 巳가 공망에 해당한다.

甲辰 일주부터 癸丑 일주까지는 寅, 卯가 공망에 해당한다.

甲寅 일주부터 癸亥 일주까지는 子, 丑이 공망에 해당한다.

공망(空亡)이란 방이 비어있어 허망하다는 의미로 결국 빈방이 된다는 뜻이다. 처음부터 없었던 것은 아니지만, 채워졌다고 해도 언젠가는 비워진다는 의미가 있다.

팔자에 들어있었으니 애초에 없었던 것이 아니므로 갖고자 하는 마음은 더욱 간절해지나 갖기에는 무리함이 있다.

예측하기 어려운 어떤 난간이나 재난을 암시하며 육친의 인연에도 영향을 준다.

공망에 해당하는 글자 위에 올려져 있는 천간도 공망의 영향을 받게 된다.

인성이 공망이면 공부는 열심히 하였어도 현실에서 써먹기가 어려워지며 재성이 공망이면 돈을 많이 벌었다가도 한순간 빈털터리가 될 수 있다.

공망에 해당하는 年, 月, 日에 얻은 결과는 좋아도 결국 쓸모가 없게 된다.

중요한 일을 하거나 거래를 할 때는 공망 日은 피하는 것이 상책이다.

사주의 용신(用神)이나 길성(吉星)에 해당하는 글자가 공망이 된 경우는 길조가 약해진다.

흉성(凶星)에 해당하는 글자가 공망이 되면 흉의 작용 또한 약해지니 드물게는 길하게 작용할 때가 있다.

애를 먹이고 잘 팔리지 않는 부동산이나 임대는 공망 日에 기도하여 방편을 세우면 쉽게 해결될 수 있다.

천간의 오행이 만나는 지지 기운이 근(根)의 역할을 하니 12운성과도 연관성이 깊다.

우리 생활은 기(氣)의 작용으로 지배되며 사람이 태어나면서 가지는 기가 그 사람의 운명과 성격을 말해준다.

제8장

12신살(十二神殺)

VIII

12신살(十二神殺)

    12신살(十二神殺)이란 일지(日支) 또는 년지(년支)가 삼합을 하는 지지를 기준으로 하여 12지 마다 배정된 일정한 신살(神殺)이다.

    사주팔자에 나타난 간지(干支) 중에서 일간 또는 원국(原局)에 이롭게 작용하거나 해롭게 작용하는 간지를 구분하여 단순하게 길흉을 판단하는 것을 의미한다.

    12신살에는 겁살(劫殺), 재살(災殺), 천살(天殺), 지살(地殺), 년살(年殺), 월살(月殺), 망신살(亡身殺), 장성살(將星殺), 반안살(攀鞍殺), 역마살(驛馬殺), 육해살(六害殺), 화개살(華蓋殺)이 있다.

〈 십이신살(十二神殺) 조견표 〉

十二神殺	劫	災	天	地	年	月	亡	將	攀	驛	六	華
亥卯未	申	酉	戌	亥	子	丑	寅	卯	辰	巳	午	未
寅午戌	亥	子	丑	寅	卯	辰	巳	午	未	申	酉	戌
巳酉丑	寅	卯	辰	巳	午	未	申	酉	戌	亥	子	丑
申子辰	巳	午	未	申	酉	戌	亥	子	丑	寅	卯	辰

    신(神)은 원국을 구성하고 있는 천간과 지지 중에서 일간에 이롭게 작용하는 간지를 의미한다.

    살(殺)은 원국을 구성하고 있는 천간과 지지 중에서 일간에 해롭게 작용하는 간지를 의미한다.

크레온의 사주명리학

12신살은 12지지에 해당 오행의 생(生), 왕(旺), 사(死)를 의미하는 삼합에 기준으로 적용한다.

가운데 왕지의 기운과 같은 천간의 오행을 대비하여 12운성과 연관 지어서 볼 수도 있다.

원국(原局)에서 길신과 흉살을 구분하기 위한 기준과 방법은 여러 가지가 있으나 신살은 기본적으로 고전 이론의 당사주(唐四柱)와 연관성이 깊다.

당사주는 띠를 기준으로 하여 구분하지만, 신살은 일간을 기준으로 구분하기도 하며 때로는 기준 없이 원국의 간지 자체가 신살의 작용을 할 때도 있다.

년지를 기준으로 판단하는 당사주 이후에 일간을 기준으로 보면서 일지에도 12신살을 적용하였다.

년지를 기준으로 보는 12신살은 선천적인 상황으로 판단하고, 일지를 기준으로 보는 12신살은 후천적인 상황으로 구분하여 판단하기도 한다.

년지와 일지의 오행에 해당하는 삼합을 기준으로 묘지(고지)에 해당하는 글자의 다음 글자가 겁살에 해당한다.

삼합에 해당하는 띠는 모두 신살이 같음을 알 수 있다.

삼합의 왕지에 해당하는 오행과 같은 천간의 오행도 12신살을 적용하여 보는 방법도 있다.

甲은 오행 중 木에 해당하니 亥卯未 삼합의 가운데 왕지에 해당하는 卯와 오행이 같으니 신살도 같다.

십이운성의 겁살에 해당하는 申과 같은 천간의 庚은 같은 양금(陽金)에 해당하니 겁살로 볼 수 있다.

하지만, 어디까지나 천간의 12신살 적용은 보조적인 수단으로만 사용해야 한다.

1) 겁살(劫殺)

겁살(劫殺)은 자유롭지 못하고 겁탈당함을 의미하며 팔자에 겁재가 많고, 생지가 겁살에 해당하여 흉하게 작용한다.

항상 분주하지만, 결과가 허망하고 손재수가 많으며 배우자 운이 좋지 못하다. 육체적인 겁탈이나 남에게 빼앗긴다는 뜻으로 사기를 잘 당하는 의미로도 해석한다.

간혹 잘 작용하면 총명하고 권위가 있어서 재주가 뛰어나니 강압적인 직업을 가지면 이롭다고 하지만, 결과는 역시 흉살로 본다.

2) 재살(災殺)

재살(災殺)은 수옥살(囚獄殺)이라고도 하여 갇힌다는 의미로 끊임없이 따르는 재앙을 의미하니 답답하다.

송사, 관재(官災), 납치 등 인신구속의 재난을 의미하고 상해를 당하기도 하니 흉살을 의미한다.

왕지가 재살에 해당하여 흉한 작용을 하면 배우자와 주변 사람들과의 의견충돌이 심하고 관재구설이 항시 뒤따른다.

잘 작용하면 권력기관에 종사할 수 있으나 역시 흉살로 본다.

3) 천살(天殺)

하늘이 내리는 재앙으로 인간의 힘으로는 불가항력 적인 천재지변을 의미하니 한탄스럽다.

지지의 土가 천살에 해당하니 땅 위에서 당하는 형벌을 의미한다.

지진, 홍수, 가뭄 또는 화재, 불의의 대란, 신체 마비 등을 당하는 뜻이 있다. 이동이나 변동 수가 잦아서 가정이나 직업, 건강 등에 문제가 발생하는 흉살이다.

천살은 제사를 지내는 방향으로 길하며 학생은 책상을 두면 학업능률이 상승한다.

4) 지살(地殺)

지살(地殺)은 희망과 의욕이 가득하니 계획을 실행하며 움직임의 크기가 작은 역마의 뜻으로 해석한다.

일상생활에서 일어날 수 있는 다양한 이동이나 변동 수를 뜻하니 동분서주 바쁘다.

주거의 이동이나 직업의 변동, 유학, 출장, 객지 생활 등의 의미를 지녔다.

외부로 드러나지 않는 슬픔을 뜻하고 소극적인 이동과 변동을 의미하니 그로 인해서 마음의 안정을 찾기가 어렵다.

지살이 들어오는 운에는 원치 않는 이사나 변동이 발생한다.

5) 년살(年殺)

년살(年殺)은 도화살, 홍염살과 같은 의미가 있으며 왕지가 년살에 해당하니 미색과 색정을 탐한다.

자신의 모습을 치장하는 것을 좋아하고 호색으로 놀기를 좋아하니 그로 인해서 이성 문제나 색정의 사건이 발생한다.

술, 도박, 사교, 인기 등을 뜻하고 바람이 나서 여자 치마폭에 쌓여있음을 의미한다.

반면 혼잡하지 않고 안정되어 이롭게 작용하면 자기 분야에서 최고가 되고자 하는 기질이 넘쳐나니 성공할 가능성이 크다.

성적 매력이 넘치고 육체적 발달이 아름다워서 서비스업이나 연예, 예술, 유흥업 등에 두각을 나타내기도 한다.

6) 월살(月殺)

월살(月殺)은 고초를 겪게 된다는 의미로 고지(庫地)가 월살에 해당하니 창고가 파괴되어 저장해둔 만물이 고갈되며 고통스러운 삶을 겪게 되는 살이다.

몸이 약해지니 난임이 많고 신병이 발생하거나 신체에 화를 당하게 되며 하는 일이 중단되기도 한다.

금전 문제가 발생하여 분쟁과 송사가 끊이질 않는다.

학문을 너무 깊이 한 나머지 병을 얻어 몸이 마르고 고갈된 상태로 덕이 없다.

이성 문제와 가정불화를 암시하니 그로 인한 고통이 심하다.

부동산에 관심을 가지거나 상속과 연관이 있다.

7) 망신살(亡身殺)

망신살(亡身殺)은 보증이나 재물과 연관된 송사, 관재구설, 간음, 겁탈 등으로 인한 망신을 당하는 살이다.

매사에 자신감은 있지만, 실수가 잦아서 분수에 벗어난 행동을 하다가 패가망신과 손재수를 당하여 결국 자신감을 잃게 된다.

자신의 속을 다 들키니 비밀이 드러나고 체면과 명예가 손상되며 나쁜 일이 겹치게 되어 마음먹은 대로 일이 풀리지 않는다.

이동수로 분주하고 여자로 인한 재앙이 생기며 부정행위나 불륜과 같은 흉한 일이 발생한다.

8) 장성살(將星殺)

장성살(將星殺)은 승진, 번영, 명예, 출세 등을 뜻하니 신살 중에 좋은 의미로 발전할 수 있다.

말을 탄 장군의 기상이니 주체성이 강하고 추진력은 좋으며 문장력도 뛰어나다.

일찍 타향에 나가 출세하여 사방에 이름을 알리고 권력계통으로 진출하여 대권을 장악하기도 한다.

지배욕이 강하여 자칫 고집스러울까 염려되며 과욕하면 비참해질 수 있으니 주의해야 한다.

9) 반안살(攀鞍殺)

반안살(攀鞍殺)은 일을 완수하거나 벼슬을 얻게 되어 말안장 위에서 여유롭게 세상을 보니 편안함을 의미한다.

합격, 승진, 취직 등을 뜻하여 길신으로 조상의 음덕이 있고 대인관계가 원만하다.

식복과 재물 복이 타고났으며 일찍부터 스스로 노력하여 자수성가를 이룬다.

통달의 경지에 올라 고위직에 앉아서 모든 일을 통솔하는 모습을 상징하니 자칫 허세를 부릴까 염려스럽다.

반안살에 해당하는 방향으로 이사하면 좋으며 기도나 잠을 청하는 방향으로도 길하다.

10) 역마살(驛馬殺)

역마살(驛馬殺)은 이동과 변동, 분주함을 뜻하고 사해를 두루 여행하니 타향, 이별, 상처 등을 의미한다.

일찍부터 집을 자주 들락거리거나 아예 나가기도 하니 무역이나 해외 출타와 관련된 직업을 가지면 길하다.

활동력이 좋고 승부 욕이 강하니 이롭게 작용할 때는 재물 운이 좋아지며 임기응변에 능하고 출타가 잦아서 영업직과 어울린다.

지살(地殺)보다는 변동의 폭이 크며 이사, 유학, 여행, 자동차 등과 관련이 있다.

11) 육해살(六害殺)

육해살(六害殺)은 밝음이 지고 어둠이니 여섯 가지의 해로움을 의미하며 왕지가 육해살에 해당한다.

스트레스를 잘 받으며 부모, 형제 할 것 없이 사람의 덕이 부족하고 해만 되어 돌아오는 것을 의미한다.

육신은 잔병과 고질병이 들고 수해나 화재의 액이 발생하거나 비극과 실패와 연관이 있다.

신체보다 정신적인 분야에 두각을 나타내며 성격이 예민하니 대인관계에 어려움이 있고 성격이 급하다.

아랫사람을 쓸 때는 육해살 띠에 해당하는 사람이 도움이 된다.

12) 화개살(華蓋殺)

화개살(華蓋殺)은 지지의 辰, 未, 戌, 丑이 해당하며 다음을 위해 씨앗을 묻어두는 자리이기도 하다.

겉은 화려하나 내면은 고독하여 종교에 심취하는 경우가 많고 외골수적인 행동과 특이한 일상이 반복되는 의미가 있다.

아름다운 것을 덮는다는 뜻이 있으니 앞서 보내는 사람이나 죽음과 무덤을 말한다.

여자는 남자 때문에 마음고생이 심하고 일부종사가 어렵다.

관록을 얻지 못하면 종교에 열중하거나 묶은 일, 옛일로 어려움을 겪는다.

착한 마음에 총명하여 문장, 예술, 풍류 등을 상징하며 박사학위, 고승, 명예, 신앙, 종교, 절, 학원, 학문, 죽음 등과 관련이 있다.

팔자 내에 이롭게 작용하는 길신이 있어도 해롭게 작용하는 흉살이 나타나 있는지 파악한 후 판단해야 한다.

신살이 용신에 해당하는지 기신에 해당하는지도 파악해야 하며 신살이 해롭게 작용하는 흉살인데 육친 상 용신이면 용신의 역할을 다하기는 어렵다.

육친의 어느 궁(宮)에 해당하는지도 파악해야 한다.

일주에 해당하는 흉살이 가장 흉하고 월주와 시주의 신살도 영향을 미치며 년주의 흉살은 다른 궁에 비해서 크게 작용하지 않는다.

신살의 강약 여부에 따라서 흉이 작용하는 힘의 정도가 다르다.

신살은 전혀 무시할 수는 없지만, 무조건 신살을 적용하거나 너무 치우쳐서 통변(通辯)을 하면 오류가 발생할 수 있음을 기억해야 한다.

1. 길신(吉神)

1) 천을귀인(天乙貴人)

日干	甲	乙	丙	丁	戊	己	庚	辛	壬	癸
天乙(陽貴)	未	申	酉	亥	丑	子	丑	寅	卯	巳
天乙(陰貴)	丑	子	亥	酉	未	申	未	午	巳	卯

천을귀인(天乙貴人)은 북극성, 북두칠성의 별자리와 연관성이 있고 신살(神殺)과도 관계가 있다.

하늘에서 백 가지 재앙을 제거해 주는 의미로 최고의 길신이다.

모든 흉살을 물리친다고 하여 팔자에 천을귀인을 가지고 있으면 총명하고 흉(凶)이 길(吉)로 변하며 하늘의 덕을 입는다.

양귀(陽貴)는 천간의 甲이 未에서 출발하여 시계방향 순으로 배치하면 된다. 戌는 중앙에 배치하고 辰과 戌은 천을귀인이 없으니 제외하여 정하면 된다.

음귀(陰貴)도 천간의 甲이 丑에서 출발하여 시계 반대 방향 순으로 배치하면 된다. 戌는 중앙에 배치하고 辰과 戌은 천을귀인이 없으니 제외하여 정하면 된다.

양귀(陽貴)는 드러나게 도움을 주고 음귀(陰貴)는 숨어서 음덕을 베풀어 주는 귀인을 의미한다.

팔자에 천을 귀인이 있거나 운에서 만나도 허망하게 살지 않는다.

형, 충, 파, 해, 공망과 만나지 말아야 그 힘을 제대로 발휘할 수 있다.

크레온의 사주명리학

천을귀인이 용신이나 희신에 해당하면 총명하고 지혜로우며 성격이 활발하고 고귀한 인품을 지닌 사람으로 해석한다.

사회적으로 큰 성공을 거두며 인덕이 많아서 어려운 일을 당하더라도 주변의 도움을 받으니 극복하기가 쉬워진다.

기신이나 구신에 해당하여 기운이 막히면 천을귀인도 길신으로 작용하기는 어렵다.

2) 천덕귀인(天德貴人)

月支	寅	卯	辰	巳	午	未	申	酉	戌	亥	子	丑
天德	丁	申	壬	辛	亥	甲	癸	寅	丙	乙	巳	庚

천덕귀인(天德貴人)은 태어난 월(月)을 기준으로 보며 하늘의 덕이라는 의미가 있다.

다른 귀인과 달리 천덕귀인은 천간이 귀인이거나 지지가 귀인이 되기도 하니 규칙이 없어 보이지만, 삼합과 12운성의 개념과 연관성이 있다.

길신(吉神)을 도와주고 흉신(凶神)을 억제하니 덕이 있고 조상의 음덕으로 모든 흉과 액을 막아주며 악살을 풀어주는 길신이다.

평소에 좋은 운과 함께 많이 베풀고 덕을 쌓으며 살아가니 어려움이 닥쳐도 인덕이 있고 귀인의 도움을 얻는다.

재물 운과 직장 운이 좋으며 용신이나 희신으로 작용하면 관운이 좋아지고 무병장수하며 만사형통(萬事亨通)이다.

천덕귀인은 해당하는 육친이 긍정적인 에너지로 작용할 수 있도록 역할을 한다.

역시 형, 충, 파, 해, 공망은 꺼린다.

3) 월덕귀인(月德貴人)

月支	月德貴人
亥卯未	甲
寅午戌	丙
巳酉丑	庚
申子辰	壬

월덕귀인(月德貴人)은 태어난 월(月)의 덕을 의미하며 월령의 도움으로 흉신을 막아주니 길신 중의 하나이다.

부모궁에 해당하는 월지의 도움이니 좋은 집안에 태어나서 보살핌을 받을 수 있으며 부모 복과 연관이 있다.

사회에 기반한 복의 의미도 있으니 관운에 이로우며 흉과 살을 해소하는 길신으로 전생에 덕을 쌓아서 현생에 덕을 본다는 의미가 있다.

월지가 삼합을 이루어 화(化)하는 오행과 천간의 양간 중에 같은 오행이 월덕귀인에 해당한다.

조상의 덕으로 일생이 편안하고 한평생 무병장수하며 모든 흉과 액을 막아준다. 인성이 좋고 다정하며 배우자 복이 있고 인간관계가 좋아서 인덕이 많다.

역시 형, 충, 파, 해, 공망은 꺼린다.

4) 태극귀인(太極貴人)

日干	甲乙	丙丁	戊己	庚辛	壬癸
太極	子午	卯酉	辰戌丑未	寅亥	巳申

태극귀인(太極貴人)은 일간을 기준으로 지지에 해당하는 2개 모두를 갖추고 있어야

한다. 지지의 어디에라도 2개가 있으면 태극귀인에 해당하며 戊와 己는 辰, 未 戌, 丑 중에 2개가 있으면 태극귀인에 해당한다.

방해하는 다른 세력이 있는지 살펴보아야 하며 흉과 액을 막아주는 길신 중의 하나로 年과 日에 있을 때 가장 좋게 작용한다.

태어날 때부터 복이 많은 사람으로 조상의 음덕이 후하니 입신양명하여 아랫사람을 거느리며 복록이 함께한다. 재물복과 인복도 있으며 시험 운도 결과가 좋으니 항상 베풀고 살면 일생이 평온하다.

격국(格局)이 청하면 입신양명하는 길신으로 작용하여 기대도 하지 않던 복이 굴러들어 오며 횡재수가 있다.

역시 형, 충, 파, 해, 공망은 꺼린다.

5) 문창귀인(文昌貴人)

日干	甲	乙	丙	丁	戊	己	庚	辛	壬	癸
文昌	巳	午	申	酉	申	酉	亥	子	寅	卯

문창귀인(文昌貴人)은 글로서 크게 번창한다는 뜻이 있으니 공부를 잘하는 귀한 사람이라는 의미가 있다.

학문과 관련된 길신이며 특히 문학과 예술방면에도 뛰어나고 총명하여 문장과 학문으로 명예를 얻는다.

양간(陽干)은 12운성의 병(病)에 해당하고 음간(陰干)은 12운성의 장생(長生)에 해당한다.

대부분이 일간을 중심으로 생을 하는 식신(食神)에 해당하는 오행이 문창귀인이다.

일간이 丙과 丁은 火에 해당하는 오행으로 다른 오행과 다르게 식신에 해당하는 土와 문창귀인이 같다.

火 오행의 식신은 土에 해당하여 土가 생(生) 하는 오행이면서 식신에 해당하는 申과 酉가 문창귀인에 해당한다.

식신에 해당하니 표현하고 싶은 욕구로 지식을 탐구하는 형상이며 실용적인 학문과 연관이 있고 추리력과 예지력이 발달한다.

역시 형, 충, 파, 해, 공망은 꺼린다.

6) 문곡귀인(文曲貴人)

日干	甲	乙	丙	丁	戊	己	庚	辛	壬	癸
文曲	亥	子	寅	卯	寅	卯	巳	午	申	酉

문곡귀인(文曲貴人)도 학문과 관련된 길신이며 특히 예술적 감성과 예술방면의 재능으로 명예를 얻는다.

대부분이 일간을 중심으로 생을 받는 인성(印星)에 해당하며 그중에 편인(偏印)에 해당하는 오행을 말한다.

오행 중 土에 해당하는 戊, 己와 오행 중 金에 해당하는 庚, 辛은 편관(偏官)이 문곡귀인이다.

오행 중 土는 火 오행과 같으며, 오행 중 金은 편인에 해당하는 土가 火와 같으니 火 오행이 역시 문곡에 해당한다.

순수하게 깊이 있는 연구에 몰두하는 형으로 나중에 이름을 남기는 경우가 많다.

역시 형, 충, 파, 해, 공망은 꺼린다.

7) 학당귀인(學堂貴人)

日干	甲	乙	丙	丁	戊	己	庚	辛	壬	癸
學堂	亥	午	寅	酉	寅	酉	巳	子	申	卯

크레온의 사주명리학

학당귀인(學堂貴人)도 학문과 관련된 길신으로 문창(文昌), 문곡(文曲)과 겹치는 부분이 있다.

일간의 장생지(長生支)에 해당하는 지지가 학당귀인이니 총명하며 문장과 학문이 뛰어나다. 학교나 교육기관과 연관된 교직계통의 일을 하면 길하게 작용하는 길신이다.

양간(陽干)은 편인에 해당하는 문곡귀인(文曲貴人)과 음간(陰干)은 식상에 해당하는 문창귀인(文昌貴人)과 겹친다.

2개의 길신이 겹치니 학습능력과 지도하는 능력이 타고났다.

양간은 문곡과 학당이 겹치고, 음간은 문창과 학당이 겹친다.

양간은 편인이 생지(生支)이며 음간은 식신이 생지(生支)에 해당하니 신약하지 않다면 음간이 더 길하게 작용한다.

甲, 乙과 庚, 辛은 일지가 문창과 문곡, 학당에 해당하는 경우가 없다. 역시 형, 충, 파, 해, 공망은 꺼린다.

8) 관귀학관(官貴學官)

日干	甲乙	丙丁	戊己	庚辛	壬癸
地支	巳	申	亥	寅	申

관귀학관(官貴學官)은 길신의 도움으로 학문에 정진하여 승진과 영전이 순조로우니 높은 관직에 오른다는 의미이다.

하늘이 돕는 기운이 있으니 기본적으로 지혜롭고 총명하며 팔자의 구성이 좋은 경우 대부(大富), 대귀(大貴)할 수 있다.

어려서부터 공부를 잘하고 출세하는 별이며 운에서 오면 생각지도 않은 관직에 오르기도 한다.

분학에 소질이 있으니 관련된 진로가 길하며 공직과 관련된 귀인이니 분창귀인(文昌貴人)과 함께 동주하면 공무원이나 공공기관에 좋은 결과를 기대할 수 있다.

9) 정록(正祿) / 암록(暗祿)

日干	甲	乙	丙	丁	戊	己	庚	辛	壬	癸
正祿	寅	卯	巳	午	巳	午	申	酉	亥	子
暗祿	亥	戌	申	未	申	未	巳	辰	寅	丑

팔자에 록(祿)을 깔고 있는 경우는 밖에서 활동하면 노력한 만큼 결과가 생기고 공부하여 부귀를 얻으며 의식이 풍족하다.

일간을 기준으로 지지의 지장간 정기가 비견에 해당하는 오행이 건록에 해당하니 같은 오행에 뿌리를 내리는 것이다.

정록은 건록(建祿)이라 하여 복록을 의미하고 관록에 운이 많으며 길성과 동주하면 복록이 더욱 왕성하다. 의식주가 풍요로우며 출세가 빠르고 혈기가 왕성하여 국가의 록을 먹는다.

암록(暗祿)은 보이지 않은 덕을 의미하니 재주가 많고 은근히 재물이 쌓여서 일생을 편안히 지낼 수 있으며 주위에 도와주는 이가 많다.

정록에 해당하는 글자와 육합(六合)을 하는 글자가 암록에 해당한다.

월지에 깔고 있는 경우가 가장 영향력이 크다.

일지에서 정록을 보면 배우자에 해당하는 궁에 형제가 들어있는 형상이므로 간여지동(干與支同)이라고 하여 고집이 세고 배우자와 관계가 좋지 못하다.

일간이 약하고 지지에 록이 없는 경우에는 배우자의 띠가 록에 해당하거나 배우자의 사주 중에 지지 어디라도 가지고 있는 사람을 만나는 것이 도움이 된다.

10) 금여록(金與祿)

日干	甲	乙	丙	丁	戊	己	庚	辛	壬	癸
金與	辰	巳	未	申	未	申	戌	亥	丑	寅

금여록(金與祿)은 황금 가마를 탄다는 의미로 지혜롭고 총명하며 온화한 성품으로 주변의 신임이 두텁다.

밖에 나가면 유능한 재능으로 식복과 복록이 있으니 성실히 노력하면 일생이 편안하고 남녀 모두 재물 운이 좋은 길성이다.

건록(建祿)의 다음 두 번째에 해당하는 지지가 금여록에 해당하며 양간(陽干)은 쇠지(衰支), 음간(陰干)은 목욕지(沐浴支)에 해당한다.

성격이 온순하고 다정하며 용모가 단정하고 인상이 좋은 경우가 많다. 배우자 복이 있고 주변의 인덕이 많아서 도움을 받게 되니 자손까지도 좋은 영향을 미친다.

길성이라도 형, 충, 파, 해, 공망이 들면 영향을 미치지 못하지만, 합이 되어 더 크게 길한 작용을 할 수도 있다.

이 외에도 길신은 많지만, 의미만 부여할 뿐 원국을 해석하는 것에 크게 영향을 미치지 못하니 참고는 하되 전반적인 통변에 응용하는 정도로만 사용하는 것이 옳다고 본다.

2. 흉신(凶神)

1) 삼재팔난(三災八難)

삼재팔난(三災八難)이란 세 가지의 재앙과 여덟 가지의 어려운 재난을 의미하며 12년 만에 한 번씩 돌아와서 3년 동안 재앙을 발생시키는 흉살이다.

3년 동안 머물러 있으니 결국 9년을 주기로 다시 시작된다.

삼재가 시작되는 첫해를 들삼재라고 하며 두 번째 해를 눌삼재, 마지막 해를 날삼재라고 한다.

크게 보면 자연재해나 큰 화재 등 천재지변의 대재앙을 말하기도 하며 국가나 세계가 분쟁과 파멸을 맞을 때 겪게 되는 전란이나 질병 및 기근 등을 의미하기도 한다.

사전적 의미로 여덟 가지의 괴로움이나 어려움으로 배고픔, 목마름, 추위, 더위, 물, 불, 칼, 병란(兵亂)을 의미하며 손재, 관재 등 모든 재앙과 곤란을 이르는 말이다.

⟨ 삼재운(三災運) 조견표 ⟩

띠	申子辰	亥卯未	寅午戌	巳酉丑
三災年	寅卯辰	巳午未	申酉戌	亥子丑

삼합을 하는 지지의 첫 생지(生支)가 충(沖)을 하는 년의 띠로부터 시작해서 3년 동안 삼재가 적용된다.

생지는 역마살에 해당하니 생지의 충과 역마의 충이 동시에 성립되어 운이 더욱 불안정하여 흉의 의미가 커지며 3년 동안 영향을 미치게 된다.

삼합을 하는 申(원숭이띠), 子(쥐띠), 辰(용띠)은 寅, 卯, 辰에 해당하는 3년 동안 삼재운이 작용한다.

寅年은 들삼재, 卯年은 눌삼재, 辰年은 날삼재에 해당한다.

삼합을 하는 亥(돼지띠), 卯(토끼띠), 未(양띠)는 巳, 午, 未에 해당하는 3년 동안 삼재운이 작용한다.
巳年은 들삼재, 午年은 눌삼재, 未年은 날삼재에 해당한다.

삼합을 하는 寅(범띠), 午(말띠), 戌(개띠)은 申, 酉, 戌에 해당하는 3년 동안 삼재운이 작용한다.
申年은 들삼재, 酉年은 눌삼재, 戌年은 날삼재에 해당한다.

삼합을 하는 巳(뱀띠), 酉(닭띠), 丑(소띠)은 亥, 子, 丑에 해당하는 3년 동안 삼재운이 작용한다.
亥年은 들삼재, 子年은 눌삼재, 丑年은 날삼재에 해당한다.

삼재운에는 부모나 윗사람들과의 갈등이나 명예실추 및 자존심이 손상되는 운으로 배우자와 갈등이 생기고 직업에 변동이 있으며 주거 이동의 흉한 운이다.
사업이 부진해지고 파산할 우려가 있으며 자식이나 아랫사람과 충돌을 피하기가 어려우며 재산이나 건강상 문제도 발생한다.
삼재는 흉살로서 일상생활에 영향을 주지만 무조건 나쁘거나 흉하다고 볼 필요는 없다.
삼재가 용신에 해당하거나 육친 상의 도움이 되는 해라면 의미가 달라지니 정확한 의미와 적용법을 알아야 한다.
사주팔자를 전체적으로 분석하여 해당하는 년이 일간의 용신에 해당하고 육친 상으로 길성에 해당하면 삼재는 크게 작용을 하지 않는 경우가 더 많다. 일간에 해가 되는 운에 삼재까지 겹치면 더욱 흉하게 작용을 하니 신수에 해롭다.

2) 원진살(怨嗔殺)

子未	서기양두각	쥐는 양의 뿔과 배설물을 꺼린다.
丑午	우진마불경	소는 말이 일하지 않는 것을 불평한다.
寅酉	호증계취단	범은 닭의 소리와 부리를 미워한다.
卯申	토원후불평	토끼는 원숭이가 조잘대는 것을 원망한다.
辰亥	용협저흑면	용은 돼지 얼굴이 검다고 싫어한다.
巳戌	사경견폐성	뱀은 개가 짖는 소리에 놀란다.

원진살(怨嗔殺)은 부정, 재앙, 이별 등을 의미하니 흉살이다.

서로 미워하고 원망하여 성낸다는 의미로 결국 원수가 된다는 뜻이지만, 안 보면 그립고 곁에 있으면 죽이고 싶을 만큼 미워하게 된다는 의미가 있다.

子未, 丑午, 寅酉, 卯申, 辰亥, 巳戌이 원진살에 해당하며 합을 하는 것을 방해하여 생겨난 작용으로 정신적 충격에 영향을 미친다.

원진살은 남녀 간의 궁합을 볼 때 띠끼리 대조하여 좋은 궁합과 나쁜 궁합을 판단할 때 주로 적용하는 살(殺)이다.

주로 태어난 년지(年支)끼리 비교하여 적용하지만, 사주 원국의 지지끼리도 대입하여 보기도 한다.

지지의 배우자 궁에 있을 때 가장 꺼리며 운에서도 적용 여부를 보기도 하니 잘 살펴봐야 한다.

부부간의 지지를 각각 비교해서 원진살이 성립되면 증오, 의처증, 의부증, 부부불화, 이별, 고독, 억울함 등을 내포하는 흉한 의미가 있다.

부부간에 배우자를 이유 없이 의심하니 가정이 시끄럽고 권태를 잘 느낀다.

부부생활이 맞지 않아서 서로 미워하는 감정이 오랫동안 쌓여 참지 못하고 결국에는 풍파를 초래한다.

육친 관계에서 원진살이 성립되면 불미스러운 감정이 현실의 상황으로 드러난다.

지장간을 잘 살펴보면 원진살은 서로 합도 하고 충도 하며 때리기도 하니 은혜를 원수로 갚음을 의미한다.

합을 하고 있으니 서로 비슷한 것 같아서 포기도 안 되며 함께 하자니 서로 원망하여 괴롭다.

원수가 될 때까지 헤어짐도 서서히 이루어지니 원진살이 성립되면 혼인을 가장 꺼리며 상충살(相沖殺)보다 더 해롭게 본다.

3) 귀문관살(鬼門關殺)

鬼門關殺	子酉	丑午	寅未	卯申	辰亥	巳戌

귀문관살(鬼門關殺)은 심한 정신적 고통을 의미하니 나의 의지와 다른 행동을 유발하기도 하고 독특한 상상력, 직관력을 나타내기도 한다.

귀신이 문턱 앞에 와있다는 의미로 나쁜 기운이 드나드는 출입문을 뜻하니 정신적인 질환이나 불감증, 변태성, 영감 등을 드러내는 흉살이다.

丑午, 卯申, 辰亥, 巳戌은 원진살과 겹치며 子酉와 寅未는 원진에 해당하는 살과 酉와 未의 자리가 바뀌어서 귀문관살이다.

의처증이나 의부증 환자가 많으며 우울증에도 크게 작용을 하여 히스테리가 심하다.

한 가지 일에 집착하거나 편집증이 있으며 원망과 불평이 많고 폭력적이거나 반복현상을 드러내기도 한다.

좋게 작용하면 예술적 소질이 뛰어나며 특이한 재능이 있고 한 가지를 끝까지 하면 두각을 나타낸다.

엉뚱한 생각이나 정신착란을 의미하기도 하지만 예술가나 무당, 스님 사주에서 많은 살이다.

몰두하여 연구하는 학자, 과학자, 상담사와 같은 직업은 좋게 작용한다.

춤, 음악, 미술, 영화 등 감수성과 창의력, 공감 능력을 요구하는 직업도 길하게 작용한다.

하지만 그에 따른 스트레스도 많으며 그중에서 寅未 귀문관살이 제일 강하게 작용한다.

4) 백호대살(白虎大殺)

白虎大殺	甲辰	乙未	丙戌	丁丑	戊辰	壬戌	癸丑

백호대살(白虎大殺)은 지지가 모두 辰, 戌, 丑, 未에 해당한다.

내부에 강력한 에너지가 응축되어 폭발하면서 강한 힘이 분출하니 감당이 어려운 운이 오면 화를 면하기가 어렵게 된다.

대낮에 하얀 호랑이에게 물려서 피를 본다는 의미가 있으니 흉흉한 일로 외상을 입는다는 뜻이 있다. 현대사회에서는 자동차에 비유하여 교통사고나 수술 등 병원에 가는 일을 의미하는 흉살이다.

대 흉살로 급살과 악살을 의미하며 산재 사고나 불의의 재난사고를 당할 수 있으며 육친과 인연이 끊어짐을 뜻한다.

年, 月, 日, 時의 어디에 있어도 백호대살이 적용되며 일주에 있을 때 가장 나쁘게 작용하고 년주에 있을 경우가 살의 작용이 가장 미약하다.

백호대살이 년주에 있는 경우 부모가 갑작스러운 사고로 크게 몸을 다치거나 본인이 초년에 질병으로 고생하게 될 수도 있다.

월주에 있는 경우 혈연으로 맺어진 사람들과 떨어져 살게 되거나 뜻밖의 재앙을 만나 갑작스러운 사고를 당한다.

일주에 있는 경우는 어릴 때부터 어려움을 겪게 되거나 사고를 당하며 부부 사이에 불화가 자주 발생하여 헤어지거나 사별하게 된다.

시주에 있는 경우에는 부부 사이에 아기를 갖지 못하거나 아이가 건강하지 못하게 태어나는 경우가 있으며 나의 말년이 불안정하다.

하지만 10% 이상의 사람들이 백호대살을 가지고 있으니 너무 두려워할 필요는 없으나, 선한 기운으로 노력해야만 악한 기운에서 벗어날 수 있다.

육친에 의한 영향도 있으니 지지에 辰, 未, 戌, 丑이 있는 경우는 반드시 살(殺)을 잘 살펴보아야 한다.

흉살은 대개 충이나 파가 되면 살이 미약해지거나 작용하지 않아서 평탄해지기도 한다. 하지만, 백호대살의 경우는 충과 형을 꺼리며 발동을 하면 반드시 불미스러운 일이 현실로 드러난다.

5) 홍염살(紅艶殺)

日干	甲	乙	丙	丁	戊	己	庚	辛	壬	癸
紅艶殺	午	午	寅	未	辰	辰	戌	酉	子	申

홍염살(紅艶殺)은 남녀 모두 외모가 화려하여 풍류를 즐기니 애정 문제와 가정문제가 발생하여 시끄럽다.

외모가 뛰어나지 않아도 이성의 호감을 쉽게 얻으며 남자는 첩을 두고 여자는 정부를 두는 의미가 있어서 흉살이다.

일지에 온전한 작용을 할 때만 의미가 있고 그 외에는 작용력이 그리 크지 않다.

눈빛에 색기가 있고 사치를 즐기게 되며 유혹에 약하니 정조 관념이 약하다.

자체적인 아름다움보다는 이성적으로 끌리는 매력이 있다.

호기심이 많아서 자신을 드러내기 좋아하는 도화살과 비슷하지만, 홍염살은 타인으로 인해서 마음이 움직인다.

은근한 매력으로 유혹이 많으니 지나치면 도화살보다 더 피곤한 경우가 발생하기도 한다.

인기가 많고 미적 감각이 뛰어나며 화려함을 좋아한다.

연예인, 유흥업, 영업직 등에 종사하는 경우는 좋은 길성(吉星)으로 작용할 수도 있다.

6) 도화살(桃花殺)

桃花殺	三合
子	亥卯未
午	巳酉丑
卯	寅午戌
酉	申子辰

도화살(桃花殺)은 복사꽃처럼 미색이 출중하고 남녀 모두 색을 밝히며 풍류를 좋아하니 이성 문제나 망신 수가 항상 뒤따르게 된다.

12지지 중에서 왕지(旺支)에 해당하니 가장 순수한 오행이며 그 성향이 활동적이고 감춤이 없으며 깨끗하다.

대인관계가 좋고 대중의 인기가 많으며 말주변이 뛰어나서 명사회자가 많고 묘한 매력으로 이성을 사로잡는다.

사주팔자 안에 子, 午, 卯, 酉 중 한 글자만 있어도 도화살이 있다고 본다.

도화살을 가지고 태어났어도 확실한 작용 여부는 위와 같이 삼합에 해당하는 글자가 팔자 안에 하나는 있어야 진도화살(眞桃花殺)로 작용한다.

삼합에 해당하는 첫 생지(生支)의 다음 글자에 해당하는 왕지가 도화살에 해당한다. 삼합의 가운데 왕지를 생(牲) 하는 오행의 왕지에 해당하는 글자이기도 하다.

도화가 혼잡하지 않고 안정되어 이롭게 작용하면 성적 매력과 육체적으로 매력이 많아서 이성을 매혹 시키며 자신의 주위에 머물게 하는 힘이 강력하다.

하지만 혼잡하여 지나치면 바람을 피우고 이성 관계가 복잡해질 수 있으며 함지살

(咸池殺), 년살(年殺)이라고도 하여 과도하게 잘못된 성욕을 의미한다.

도화살을 가지고 있는 여자는 얼굴 한 부분에 홍조를 띠고 있는데 이런 여자를 만나면 남자는 몸이 쇠약해질 수 있다.

과도하면 결코 좋을 수가 없으니 과거에는 기생 사주라고 하여 나쁘게 해석하였으나 현대에서는 인가가 많고 긍정적으로 보는 경우가 더 많다.

이성으로부터 주목을 받으니 매력적인 연예인 사주에 많으며 현대사회에서는 적당한 도화를 가져야 사회적으로도 성공할 수 있다고 본다.

입꼬리가 올라간 관상은 팔자에 도화살이 없더라도 도화살의 작용을 한다고 보니 많이 웃고 살면 도화 작용을 하게 된다.

도화살이 있고 정·편재가 혼잡이 되면 음란하여 애인과 정부를 가지게 된다.

도화살과 역마살이 같이 있어도 정부가 생기며 부끄러운 줄 모르고 합을 한다.

도화살과 편관이 동주하면 운이 박복하고 정관과 동주하면 복록이 많다.

도화의 형과 합은 흉이 크다.

원진살이 도화와 합이 되면 도박과 풍류에 빠져 세월 가는 줄 모르게 된다.

7) 현침살(懸針殺)

懸針殺	天干		地支			
	甲	辛	卯	午	未	申

현침살(懸針殺)은 바늘과 같이 뾰족한 침을 의미하니 예리하고 날카로운 도구나 섬세한 작업을 요구하는 직업을 가지면 길하다.

천간(天干)은 甲, 辛이고 지지(地支)는 卯, 午, 未, 申가 해당하며 글자의 끝이 뾰족하여 현침살이라고 한다.

천간과 지지에 동주하면 더욱 확실하게 현침살의 성향이 드러나며 甲午, 甲申, 辛卯, 辛未가 해당한다.

길신으로 작용하면 직업에 길하고, 흉신으로 작용하면 몸을 다치거나 사고 수로 나타나기도 한다.

신경이 예민하고 냉철함이 있어서 세심하고 꼼꼼한 기술계통의 전문직이 어울리며 냉철하고 비판적인 글을 쓰는 것은 길하다.

의사, 약사, 병원, 간호사, 수의사, 미용, 안마, 철학, 수예, 공예, 침술 등과 관련된 직업에 인연이 있으며 특히 침을 사용하는 한의사가 길하다.

간혹 종교에 관심을 두기도 하며 비수가 되는 말을 서슴없이 하는 경우가 있으니 주의가 필요하다.

곤명(坤命)은 이유 없이 쑤시고 아픈 경우가 많다.

현침살은 항상 덕을 쌓고 많이 베풀어야 신상에 닥치는 액운을 막을 수 있다.

8) 괴강살(魁罡殺)

魁罡殺	庚 辰	庚 戌	戊 戌	壬 辰

괴강살(魁罡殺)은 길흉(吉凶)이 다 같이 강렬하게 영향을 주며 총명함과 엄격성을 지녀서 대중을 선동하거나 제압하는 기운이 있다.

통솔력이 강하며 북두칠성의 별을 의미하니 용모가 반듯하고 권위와 위엄이 있으며 나서기를 좋아한다.

억압과 공격의 기운으로 이롭게 작용하면 대권을 거머쥐게 되어 크게 성공할 수 있지만, 위치가 불안정하면 난폭한 성품을 드러내고 재앙을 불러오게 되어 풍파를 겪게 된다.

지지가 辰, 戌에 해당하며 壬戌, 戊辰도 괴강이라고는 하지만, 백호대살에 해당하니 빼는 것이 옳다고 본다.

戊戌 일주에 해당하는 곤명(坤命)은 자기보다 못한 사람에게 시집가서 강한 카리스마로 집안을 일으켜야 오히려 길하다.

현실적인 욕심을 앞세워 결혼하면 남편이 가산을 탕진하고 가사에 무책임하며 부부가 해로하기 어렵다. 미인의 경우가 많지만, 배우자로 인해서 고생이 많고 불만도 쌓이게 되어 남편과 화합이 어렵다.

건명(乾命)은 중첩하여 괴강이 있으면 오히려 대권을 장악하고 한번 괘도에 오르면 출세가 도를 달리게 되며 이론적 토론을 좋아하는 성향을 지닌다.

남녀 모두 특수한 재능을 가지고 있는 경우가 많으며 너무 지나치게 결백한 면이 있다.

괴강살의 경우도 충과 형을 꺼리며 발동을 하게 되면 반드시 불미스러운 일이 현실로 드러난다.

9) 양인살(羊刃殺)

日干	甲	乙	丙	丁	戊	己	庚	辛	壬	癸
羊刃殺	卯	辰	午	未	午	未	酉	戌	子	丑

양인살(羊刃殺)은 날카로운 칼날로 양을 잡는다는 의미가 있으니 흉살이며 평균을 넘어서 넘친다는 뜻이다.

하늘에서 뿌려진 기운이 땅에 강하게 내려진 것으로 일간의 세력이 너무 넘쳐서 과격해지니 오히려 해가 되는 상태를 말한다.

양인살은 일간이 양(陽)의 경우에만 해당한다.

일간이 음(陰)의 경우는 세력에 따라서 양인과 비슷한 작용을 하는 경우가 발생하니 잘 살펴보고 판단해야 한다.

굳이 양인살을 흉하다고 단정할 수는 없으며 원국(原局)에 관이 있어서 제어하고 다스릴 힘이 있으면 오히려 길하게 작용한다.

신강이 잘 제련되면 생각지도 않은 발전을 가져오기도 한다.

月支, 日支, 時支, 年支 순으로 그 세력이 작용하는 힘의 정도가 약해지지만, 중첩되어 있고 잘못 발현하면 자기중심적이며 안하무인이 되는 경우가 흔하다.

인생의 파란을 많이 겪게 되며 월지(月支)에 있는 경우가 작용이 가장 강력하다.

성격이 강하고 성급하며 난폭하고 잔인한 행동을 서슴없이 하는 경우가 많아서 주변 사람들과 갈등이 잦아지니 가정이나 직업도 불안정하게 된다.

겸손함은 부족하지만, 강한 추진력과 승부 욕으로 스포츠맨이나 숙련공과 같은 자격증 관련된 직업을 얻으면 최고의 위치에 오를 수 있다.

10) 역마살(驛馬殺)

驛馬殺	年支
寅	申子辰
申	寅午戌
巳	亥卯未
亥	巳酉丑

역마살(驛馬殺)은 말을 타고 멀리 움직인다는 의미로 년지(年支)를 기준으로 보며 이리저리 떠돌아다니는 신세를 의미하니 흉살이다.

삼합을 하는 띠의 생지(生支)와 충을 하는 글자가 역마살에 해당하며 원국(原局)에서 寅, 申, 巳, 亥 중 하나만 있어도 역마살 작용은 한다.

한곳에 오래 정착하지 못하니 이동이나 변동을 의미하여 항상 분주하며 충을 하는 운이 오면 역마의 작용은 더욱 강력해진다.

역마보다 고달픈 신세가 없다고 할 만큼 정착은 하지 못하고 떠돌아다녀야 하는 신세지만, 무조건 나쁘게 볼 필요는 없으며 활동력이 많은 직업에는 오히려 길하게 작용한다.

활동력이 좋으니 승부 욕이 강하고 분주한 움직임으로 소득이 발생하며 매사 긍정적이고 미래지향적이다.

해롭게 작용을 할 때는 마무리가 신통치 못하니 용두사미(龍頭蛇尾)이고 안정을 찾지 못하여 분주함만 있을 뿐 소득이 없다.

삼합의 생지(生支)와 충(沖)을 하는 지지가 원국(原局)에 동주하면 역마살이 더욱 강하게 현실로 드러나 해외 출타가 빈번해진다.

역마살의 작용으로 배우자와 멀리 떨어져 살게 되거나 직업의 변동이 많아지지만, 길신과 동주하면 크게 길하다.

11) 고란살(孤鸞殺)

日干	甲	乙	丙	丁	戊	己	庚	辛	壬	癸
孤鸞殺	寅	巳		巳	申		子	亥		

고란살(孤鸞殺)은 남자는 상처(喪妻)하고 여자는 상부(喪夫)하여 홀로 외로우니 일생을 외롭게 산다는 의미이다.

과부살(寡婦殺)이라고도 하니 여자에게 더 집중되는 살로서 남편복이 없고 색욕이 강해서 만족하지 못하여 홀로 우는 새가 된다는 의미로 항상 고독하다.

지지가 모두 寅, 申, 巳, 亥이니 생지에 해당한다.

부부의 인연에 매우 흉하게 작용하며 일주의 고란살이 가장 흉하다.

여자에게 더 집중되는 이유는 천간과 지지가 모두 같은 오행이어서 간여지동(干與

支同)이거나 관(官)을 상하게 하는 식상(食傷)에 해당하는 오행이 배우자 궁에 들어있기 때문이다.

경자(庚子)는 고란살에서 제외하는 학자들도 많지만, 곤명(坤命)이 경자(庚子) 일주의 경우는 오히려 가장 남편복이 박복하다.

배우자 궁의 상관에 해당하는 子는 오행 중에 水에 해당하며 생(生)보다는 극(剋)을 잘한다.

일간이 경(庚)에 해당하는 곤명(坤命)의 경우는 정관에 해당하는 정(丁)이 배우자 궁에 들어가려 하면 가장 극(剋)을 잘하는 子가 자리하고 있으니 자식을 보면 배우자 궁이 몹시 불길하기 때문이다.

12) 고신살(孤身殺) / 과숙살(寡宿殺)

年支	寅 卯 辰	巳 午 未	申 酉 戌	亥 子 丑
孤身殺	巳	申	亥	寅
寡宿殺	丑	辰	未	戌

고신살(孤身殺)은 남자가 부부의 인연이 좋지 못하여 상처(喪妻)하니 외로운 몸이 되는 것을 의미한다.

배우자 복이 박복하고 자식, 부모, 형제 복도 그리 좋지 못하다.

모두 역마의 기운이니 한때 밖으로만 돌아다녀서 가족으로부터 외면당하기 쉽다.

방합(方合)의 묘지(고지)에 해당하는 글자 다음의 기운이 고신살에 해당한다.

과숙살(寡宿殺)은 여자가 부부의 인연이 좋지 못하여 상부(喪夫)하니 일생이 고독하다는 흉살을 의미한다.

모두 화개살의 기운이니 집안에 고민이 깊고 우울한 성향을 지니기도 한다.

방합(方合)의 생지에 해당하는 글자 이전의 기운이 고신살에 해당한다.

남녀의 사주에 흔히 고신살과 과숙살이 들어있는 경우가 많은데 고신살과 과숙살을 합하여 고과살(孤寡殺)이라고도 한다.

고란살과 마찬가지로 크게 의미를 두지 않는 경우가 더 많지만, 실제 감명에서는 흔치 않게 맞아떨어지는 경우가 있다.

온전히 흉하게 작용하는가를 살펴본 후 판단해야 한다.

13) 탕화살(湯火殺)

日支	寅	午	丑
湯火殺	寅, 巳, 申	午, 辰, 丑	午, 未, 戌

탕화살(湯火殺)은 불에 물이 끓는 형상으로 일지를 기준으로 하여 寅, 午, 丑이 있으면 적용된다.

원국에 해당하는 글자가 있어도 적용되며 운에서 와도 작용은 한다.

해롭게 작용을 하면 화재나 가스폭발, 끓는 물에 화상을 입어서 흉터가 생긴다는 흉살로 비관 자살, 약물중독, 총상 등을 의미하기도 한다.

寅일에 태어난 명(命)은 寅, 巳, 申이 원국에 있거나 운에서 오면 작용한다.

午일에 태어난 명(命)은 午, 辰, 丑이 원국에 있거나 운에서 오면 작용한다.

丑일에 태어난 명(命)이 午, 未, 戌이 원국에 있거나 운에서 오면 작용한다.

사주가 건조한 경우는 화상을 입을 확률이 더 커지며 순간을 참지 못하고 폭발하는 성정을 뜻하기도 한다.

탕화살은 일지를 기준으로 판단하며 크게 의미를 두지 않는 살이지만 삼형을 만나면 더욱 강력해진다.

이 외에도 상문살(喪門殺)과 조객살(弔客殺)이 있으며 태어난 년지(年支) 즉 띠를 중심으로 보면 된다.

본인이 태어난 해의 띠를 중심으로 2년 후를 상문살이라고 하고 띠의 2년 전을 조객살이라고 한다.

상문살은 내가 문상가는 것이고 조객살은 내가 문상객을 받을 일이 생기니 곡하고 울 일이 생긴다는 의미이다.

상문이나 조객살이 들어도 원국(原局)에서 용신이나 희신으로 작용하면 크게 신경 쓸 필요는 없다.

낙정관살(落井關殺)은 우물에 빠진다는 흉살로 물로 인한 재난을 주의해야 하며 형, 충이 되는 운이 오면 물에 빠져 죽을 수 있다는 의미가 있다.

甲과 己 일간이 巳를 만나거나, 乙과 庚 일간이 子를 만나거나, 丙과 辛 일간이 申을 만나거나, 丁과 壬 일간이 戌을 만나거나, 戊와 癸 일간이 卯를 만나면 낙정관살에 해당한다.

일주로는 己巳, 庚子, 丙申, 壬戌, 癸卯는 일지에 이미 낙정관살을 깔고 있으니 주의해야 한다.

하지만 무조건 적용하는 것은 위험하며 전체를 판단 후 작용 여부를 구분해야 한다.

흉살은 대운이나 세운에서 형, 충을 하면 강해지고 같은 살이 겹치면 더욱 증상이 과해진다.

그 외 흉살은 많지만 대부분 언급하지 않는 것들은 작용이 미미하니 참고로 보면 된다.

제9장

용신(用神)

- **용신(用神)의 길(吉), 흉(凶)**
  - 용신(用神)
  - 희신(喜神)
  - 기신(忌神)
  - 구신(仇神)
  - 한신(閑神)
- **신강(身强)과 신약(身弱)**
  - 득령(得令)과 실령(失令)
  - 득세(得勢)와 실세(失勢)
  - 득지(得地)와 실지(失地)
- **용신(用神)을 정하는 방법**
  - 조후용신법(燥候用神法)
  - 병약용신법(病藥用神法)
  - 통관용신법(通關用神法)
  - 억부용신법(抑扶用神法)
  - 전왕용신법(全旺用神法)

IX
용신(用神)

    용신(用神)이란 '사용하다'라는 의미로 사주 내에서의 좋은 쓰임새를 말하며 가장 필요로 하는 오행을 뜻한다.

    사주팔자의 주체인 일간(日干)이 제 역할을 다할 수 있도록 도와주는 오행이나 일간의 역할에서 가장 필요로 하는 오행을 용신이라고 정의할 수 있다.

    용신을 찾으려면 먼저 신강(身强)과 신약(身弱)을 구분할 줄 알아야 하는데 신강은 일주가 왕성하고 강력한 것을 말하며 신약은 일주가 쇠약하고 무력한 것을 의미한다.

    원국(原局)의 음양과 오행의 조화가 어떠한가를 보고 일간의 기운이 넘치는 것은 빼주고 일간의 기운이 모자라는 것은 도와주어 균형을 맞추는 중요한 역할을 한다.

    일간이 신약 하면 일간을 도와주는 인성이나, 힘이 되어주는 비겁을 용신으로 사용하면 된다.

    일간이 신강하면 일간의 힘을 덜어주는 식상이나 재성을 용신으로 쓰면 된다.

    일간이 지나치게 신강 하면 극제(剋制) 해야 하므로 관성을 용신으로 정하면 된다.

    일간의 주변 환경이 너무 조열(燥熱) 하거나, 한습(寒濕) 하면 중화(中和)를 시켜주는 오행을 용신으로 정하기도 한다.

    천간에 용신이 있으면 제일 좋고 없을 때는 지지에서 찾아야 하며 지지에도 없다면 지장간(支藏干)에서라도 찾게 된다.

    용신이 사주 내에 강하게 있으면 모든 일을 순리대로 진행할 수 있고 인생에 막힘이 없다.

사주 내에 용신이 없으면 운이 오는 때를 기다려야 하니 운이 올 때까지는 한 가지 일에 매진하지 못하고 그로 인하여 지체됨이 있다.

용신은 혼잡 되지 않으며 강하고 명확하게 천간에 있을 때 가장 좋으며, 혼잡한 경우에는 반드시 두 가지 일에 갈등하게 된다.

양인살과 괴강살이 있으면 무조건 신강 해야 좋으며 다스릴 힘이 있으니 높은 위치에 오를 수 있다.

용신이 희미하면 인생도 희미하게 되며 용신이 두 개가 되면 이중인격인 경우가 있다.

용신은 운에서 오는 경우도 사용하기는 하지만, 사주팔자 안에 자리한 간지(干支) 중에서 정하는 것이 기본이다.

1. 용신(用神)의 길(吉), 흉(凶)

1) 용신(用神)

용신(用神)이란 일간(日干)이 약할 때 도와주거나 일간에 꼭 필요해서 도움이 되는 오행을 용신(用神)이라고 한다.

일간이 신약 하면 도와주는 인성이나 세력이 되는 비겁이 용신이 되고 일간이 신강 하면 힘을 덜어주는 식상이나 재성 또는 극제(剋制) 하는 관성을 용신으로 사용한다.

계절과 기후에 따라서 가장 합리적인 것을 사용하며 너무 조열(燥熱) 하거나, 한습(寒濕) 하면 중화(中和)작용을 할 수 있는 오행을 용신으로 쓰기도 한다.

2) 희신(喜神)

희신(喜神)은 부용신(扶用神)으로 용신을 도와주거나 일간을 도와주는 오행을 말한다.

일간에 길(吉)한 작용을 하는 용신을 생(生) 하거나 제화(制化) 또는 간합(干合) 하여 일간의 기운을 길하게 만든다.

용신과 희신은 상생 관계가 되어야 하므로 원국(原局)에서 용신을 찾아서 결정하면 희신은 쉽게 정할 수 있다.

일간이 신약하여 비겁을 용신으로 쓰면 일간을 도와주는 인성이 희신이 되며, 인성을 용신으로 쓰면 비겁이나 관성이 희신이 될 수 있다.

일간이 신강하여 식상을 용신으로 쓰면 재성이 희신이 되고, 재성을 용신으로 쓰면 식상이나 관성이 희신이 되며, 관성을 용신으로 쓰면 재성이 희신이 되기도 한다.

3) 기신(忌神)

기신(忌神)은 일간과 용신 및 희신에 흉한 작용을 하는 오행으로 상극해서 두려움에 떨거나 용기가 없어서 흉살로 작용하는 것을 의미한다.

4) 구신(仇神)

구신(仇神)은 일간이나 용신에 흉하게 작용하는 오행으로 기신을 도와주며 희신을 극 하는 오행을 말한다.

5) 한신(閑神)

한신(閑神)은 일간에 이롭게 작용하는 길신(吉神)이나 해롭게 작용하는 흉신(凶神)과는 관계가 없는 오행을 말한다.
때에 따라서 용신에 도움이 되거나 기신에 도움을 주기도 한다.

2. 신강(身强)과 신약(身弱)

　신강(身强)과 신약(身弱)을 판단하는 기준은 천간과 지지의 통근(通根)과 투출(透出)에 의해 판단한다.

　하늘의 기운인 천간이 지지에 통근하면 강력한 힘을 가지게 된다.

　어느 지지에 통근했느냐에 따라서 일간의 힘이 달라지며 월지(月支)로 인해서 가장 세력이 강해지고 일지(日支), 시지(時支), 년지(年支)의 순으로 기운이 약하다.

〈 통근(通根)과 강약(强弱) 〉

五行 ＼ 月令	왕(旺)	상(相)	휴(休)	수(囚)	사(死)
甲 乙	寅 卯	亥 子	巳 午	辰 戌 丑 未	申 酉
丙 丁	巳 午	寅 卯	辰 戌 丑 未	申 酉	亥 子
戊 己	辰 戌 丑 未	巳 午	申 酉	亥 子	寅 卯
庚 辛	申 酉	辰 戌 丑 未	亥 子	寅 卯	巳 午
壬 癸	亥 子	申 酉	寅 卯	巳 午	辰 戌 丑 未

　일간이 월지에 통근하면 득령(得令)을 했다고 하여 가장 힘이 강하다.

　일간이 사주 내에 생(生)을 많이 받아서 세력을 얻으면 득세(得勢)했다고 하여 강왕하다.

　일간이 일지에 통근하면 득지(得地)를 했다고 하여 힘이 강해진다.

　일간이 득령(得令), 득세(得勢), 득지(得地)를 하여 지나치게 강왕해지면 극제(剋制)와 설기(洩氣)를 하는 방법으로는 다스리기가 어려워진다.

그 세력을 따라가야 하니 종강격(從强格)이나 종왕격(從旺格)이 된다.

반대로 실령(失令), 실세(失勢), 실지(失地)하여 힘을 잃으면 자기 자신을 포기하는
기명종격(棄命從格)이 된다.

1) 득령(得令)과 실령(失令)

득령은 일간이 월지(月支)로부터 기운을 받는 것이다.

태어난 월이 일간과 오행이 같거나 일간을 생 하는 오행이면 득령하여 일주가 왕해
진다.

실령은 일간이 월지(月支)로부터 기운을 빼앗겼다는 의미이다.

태어난 월이 일간을 극 하거나 설기하는 오행이면 실령하여 일주가 쇠약해진다.

일간과 월지(月支)의 오행이 같으면 왕(旺)하여 세력이 강왕해지니 득령한다.

일간을 생(生) 하는 월지(月支)를 만나면 상(相)하여 세력이 왕해지니 득령한다.

일간이 월지(月支)의 오행을 생(生) 하면 휴(休)하여 설기를 하였으니 실령한다.

일간이 월지(月支)의 오행을 극(剋) 하면 수(囚)하여 설기를 많이 하니 실령한다.

일간이 월지(月支)의 오행으로부터 극(剋)을 당하면 사(死)하여 더욱 설기를 많이
하였으니 실령한다.

2) 득세(得勢)와 실세(失勢)

득세(得勢)는 세력(勢力)을 얻었다는 의미이니 비겁과 인성을 만나 일간이 강왕한

것을 의미한다.

실세(失勢)는 세력(勢力)을 잃었다는 의미이니 식상과 재성, 관성이 많아서 일간의 기운이 약해진 것을 의미한다.

3) 득지(得地)와 실지(失地)

득지(得地)는 일간을 중심으로 사주의 지지에서 12운성 중에 생, 록, 왕을 얻었다는 의미로 일간이 통근해서 기운이 강해지는 것을 말한다.

실지(失地)는 득지와 반대로 일간을 중심으로 사주의 지지에서 12운성 중에 쇠, 병, 사, 절을 만나서 기운이 쇠약해지는 것을 말한다.

3. 용신(用神)을 정하는 방법

용신(用神)을 정하는 방법은 일정하지 않으나 대략적 5가지의 방법을 사용한다.

원국(原局)에서 일간이 팔자 내에 처한 조건을 보고 가장 합리적이면서 사주 전체의 균형을 보고 결정해야 한다.

대부분은 정격사주에 해당하며 조후법(調喉法), 병약법(病藥法), 통관법(通關法), 억부법(抑扶法) 등으로 용신을 구분한다.

그 외 실전 통변에서 흔하지 않은 사주팔자로 한가지 기운이 모여 원국을 지배하고 세력을 형성하는 경우를 전왕(專旺)이라고 한다.

그 강한 기운 자체가 용신이 될 때를 전왕법(全旺法)이라고 하여 용신으로 구분한다.

1) 조후용신법(燥候用神法)

조후법(調喉法)의 용신(用神) 취용(取用)은 출생 월(月)을 기준으로 하며 한난조습(寒暖燥濕)이 균형을 우선 적으로 이루도록 조절하는 오행을 용신으로 정하는 방법을 의미한다.

겨울에 태어나서 사주 내에 金, 水가 많으면 따뜻한 기운이 있어야 조화를 이루고 만물이 생장할 수 있다.

추운 계절에 태어난 사주의 경우 火를 용신으로 사용하면 木은 희신이 된다.

더운 계절에 태어난 사주의 경우 水를 용신으로 사용하면 金은 희신이 된다.

2) 병약용신법(病藥用神法)

병약법(病藥法)의 용신 취용은 병이 있으면 약을 준다는 의미로 문제가 있는 오행을 중화시키는 것을 뜻한다.

용신을 극(剋) 하여 무력하게 만들면 병이 들어서 이를 다스려야 하니 기신을 제거하는 세력을 말한다.

지나치게 편중이 된 오행이 있으면 흉하게 작용하여 원국이 불안정하게 된다.

관으로 다스려서 극제(剋制) 하거나 식상으로 설기(泄氣) 하는 용신을 써서 병이 있으면 약을 쓰는 이치와 같다.

비겁이 지나치게 신강한 사주의 경우는 제압할 수 있는 관성을 용신으로 삼아서 유통시킨다.

관성이 미약하여 비겁을 제압하지 못하는 경우는 식상을 용신으로 삼아서 설기한다.

식상이 재성으로 흘러가지 못하고 비겁에 묻혀서 역할을 제대로 하지 못하면 용신은 병들게 된다.

3) 통관용신법(通關用神法)

통관법(通關法)의 용신 취용은 사주팔자 내에 자리한 오행이 서로 대립하여 상극관계를 이루고 있으면 그 가운데에서 통관을 시킬 수 있는 오행을 말한다.

일간이 金 오행에 해당하고 힘이 강할 때 재성에 해당하는 木의 기운도 힘이 강하면 서로 상극을 한다.

金과 木 사이를 통관시켜주는 식상의 水 오행을 용신으로 정하는 이치다.

용신이 팔자 내에 없으면 매사 인생이 답답하고 막힘이 있다.

4) 억부용신법(抑扶用神法)

억부법(抑扶法)의 용신 취용은 누르거나 도와준다는 의미로 강한 것은 억제하고 약한 것은 도와주는 용신을 의미한다.

일간의 힘이 강할 때에 일간의 기를 누르는 오행을 용신으로 정하며, 일간의 힘이 약할 때는 일간의 기를 도와주는 오행을 용신으로 정하는 방법을 뜻한다.

신강 할 때는 인성이나 비겁의 도움이 오히려 해가 될 수 있으니 식상이나 재성, 관성 중에서 용신으로 정하면 된다.

신약 할 때는 도움이 필요하므로 인성이나 비겁 중에서 용신을 정하며 이것을 억부용신법(抑扶用神法)이라고 한다.

대부분의 팔자는 억부법으로 용신을 정하고 있다.

5) 전왕용신법(全旺用神法)

전왕법(全旺法)의 용신 취용은 주로 종격(從格)을 말하며 일간에 지대한 영향을 미치는 월주를 기준으로 일정한 격이 나타나는 것에 비해서 격(格)을 쫓아가는 의미이다.

월주의 기운이 중심이 된 격을 일간이 따르거나 월지의 오행이 용신이 되는 경우를 말한다.

종왕격(從旺格), 종강격(從强格), 종아격(從兒格), 종재격(從財格), 종관격(從官格)으로 구분한다.

종왕격(從旺格)은 비견이 득세하고 인수마저 협조하는 것을 의미한다.

사주팔자의 오행이 일간과 같은 비겁으로만 구성되거나 비겁과 인성으로만 구성되며 월지에 비겁이 자리한 경우가 가장 확실하다.

식상이 없거나 나타나 있어도 합(合)이나 충(沖), 극(剋)으로 인해서 기운이 나타나지 않을 때 성립한다.

세력을 믿고 굽힘이 없이 너무 날뛰니 패가망신(敗家亡身)의 위험이 따르고 운에서 관살을 만나면 큰 화를 당하는 경우가 많으니 주의해야 한다.

종강격(從强格)은 인수가 거듭 있고 일간과 오행이 같은 비겁이 합심하여 세력이 강해지는 것을 의미한다.

사주팔자의 오행이 주로 비겁과 인성으로 구성되고 월지에 인성이 자리한 경우가 가장 확실하다.

인수, 비견의 신하가 종강격이며 식상이 없거나 나타나 있어도 합이나 충, 극으로 인해서 기운이 나타나지 않을 때 성립한다.

인수(印綬)는 식상 운이 오면 파란을 겪게 되며 큰 화를 당하는 경우가 많으니 주의해야 한다.

종아격(從兒格)은 사주팔자의 오행이 식상의 세력으로 구성되어 태왕하니 일간이 식상에 종(從)을 할 수밖에 없다.

월지에 식상이 자리한 경우에 가장 확실하고 인성과 비겁이 없거나 나타나 있어도 합이나 충, 극으로 인해서 기운이 나타나지 않을 때 성립한다.

식상은 자식궁에 해당하니 자식을 따르는 의미가 있다.

일간이 심히 약하고 생조를 받지 못하니 모든 것을 포기하고 식상에 종(從)을 하여 종아격이 성립됨을 의미한다.

종아격은 재성이 있어야 대귀(大貴)할 수 있다.

종재격(從財格)은 사주팔자의 오행이 재성의 세력으로 구성되고 월지에 재성이 자리한 경우를 말한다.

일간이 무근(無根)이고 지지에 재국(財局)을 이루며 천간에 재가 나타나 있어야 한다.

인성과 비겁이 없거나 나타나 있어도 합이나 충, 극으로 인해서 기운이 나타나지 않을 때 성립한다.

일간이 심히 약하고 생조(生助)를 받지 못하니 모든 것을 포기하고 재에 종(從)을 하여 종재격이 성립됨을 의미한다.

천간에 식상이 있어서 재를 생(生) 하면 격이 아름다운 종재격이다.

재성이 많아서 부득이하게 재물을 쫓아가는 의미이니 재다신약(財多身弱)이다.

종관격(從官格)은 사주팔자의 오행이 대부분을 관성의 세력으로 구성되고 월지에 관성이 자리한 경우를 말한다.

정관이 대부분을 차지하고 있으면 종관격(從官格)이라고 하고, 편관이 대부분을 차지하고 있으면 종살격(從殺格)이라고 한다.

일간이 심히 약하고 생조(生助)를 받지 못하니 모든 것을 포기하고 관에 종(從)을 하여 종관격이 성립됨을 의미한다.

정관이 지나치게 많아서 무리를 이루게 되면 칠살(七殺)로 간주하니 결국에는 종관격과 종살격은 같은 의미이다.

인성과 비겁이 없거나 나타나 있어도 합이나 충, 극으로 인해서 기운이 나타나지 않을 때 성립한다.

사주팔자에 오행이 편중되어 있더라도 용신은 원국(原局)을 전체적으로 분석하여 일간에 도움이 되고 가장 필요로 하는 기운을 선택하는 것이 옳은 방법이다.

균형과 조화를 이루는 용신이 항상 제 역할을 잘하는 것은 아니며, 온전하게 작용을 할 때 비로소 도움이 되는 용신 역할을 하니 팔자 전체를 잘 분석한 후 판단해야 한다.

제10장

격국(格局)

- **십성격(十星格)에 의한 특성**
  - ○ 비견격(比肩格)
  - ○ 겁재격(劫財格)
  - ○ 식신격(食神格)
  - ○ 상관격(傷官格)
  - ○ 편재격(偏財格)
  - ○ 정재격(正財格)
  - ○ 편관격(偏官格)
  - ○ 정관격(正官格)
  - ○ 편인격(偏印格)
  - ○ 정인격(正印格)

X
격국(格局)

격국(格局)이란 일간과 월지(月支)와의 관계를 판단하여 십성(十星)을 구분하고 격 (格)을 정하는 것이다.

유형과 무형의 일정한 틀을 의미하며 내격(內格)과 외격(外格)으로 구분한다.

내격에는 팔격(八格)과 특별격(特別格)이 있고 이를 합하여 십성격(十星格)이라고 도 한다.

외격은 종격(從格)과 화격(化格)으로 나눈다.

사주팔자의 격은 일정한 격식이나 형태 및 구조를 가지며 이를 격국이라고 한다. 십 성격(十星格)과 용신격(用神格) 그리고 잡격(雜格)이라고도 한다.

월주(月柱)에 자리한 기운이 태왕 하면 일간은 그 기운의 영향을 받고 성장하니 그 것으로 인해서 성격이나 가치관이 형성되므로 격국은 사주팔자에 지대한 영향을 미 치게 된다.

월간(月干)이나 월지(月支)의 십성이 년주의 십성과 충(沖)이 되면 격이 성립하지 않는다. 일간의 성장기가 불안정함을 뜻하니 부모 자리의 충(沖)으로 인해서 직접적 인 영향과 도움을 줄 수 없다.

월간이나 월지의 십성이 년주와 합(合)이 되는 경우도 마찬가지이다.

내격은 신강 사주와 신약 사주로 구분이 가능한 형태의 팔자를 의미한다.

팔격(八格)은 식신격, 상관격, 편재격, 정재격, 편관격, 정관격, 편인격, 정인격으로 구분한다.

크레온의 사주명리학

비견과 겁재는 같은 오행의 기운끼리 격을 이루니 특별격으로 구분하여 건록격(비견격), 양인격(겁재격)으로 구분한다.

팔격(八格)과 특별격(特別格)을 합쳐서 모두 십성격(十星格)이라고 한다.

십성격이란 월주에 자리한 십성을 기준으로 정한 격을 말하며 월지의 오행이 월간에 드러나서 투간(透干)이 되면 격으로 정한다.

월지의 지장간 안에 정기와 같은 오행이 천간에 있으면 그것이 표시하는 육신에 의해서 정해진다.

천간에 정기와 같은 오행이 없으면 여기나 중기에 의해서 정해진다.

월지의 지장간이 투출 되지 않거나 투출 되어도 파, 극 되어 쓸모없으면 월지의 정기가 표시하는 육신에 의해 정한다.

이것도 아니면 사주 전체에서 가장 강력한 오행을 기준으로 한다.

외격은 일반 원칙에 의하지 않고 신강 사주와 신약 사주의 의미를 떠나서 특별한 형태의 팔자를 의미한다.

태왕한 오행이 원국을 차지한 경우로 격과 용신이 일치하는 격을 의미한다.

종격은 팔자에 있는 오행 중 너무 신왕하여 극을 하거나 설기하는 오행이 없어서 강한 오행을 따라 종(蹤)을 하는 격을 의미한다.

종왕격(비견격), 종강격(인수격), 종아격(식신격), 종재격, 종관격(종살격)으로 구분한다.

화격(化格)은 일주를 기준으로 월간(月干)이나 시간(時干)에 간합(干合)이 있고, 합이 되어 화(化)하는 오행에 해당하는 기운이 월지에 있거나 사주에 많이 있으면 화격으로 구분한다.

화격은 간합을 하여 생긴 오행의 기운이 많을수록 사주팔자에 좋은 기운으로 작용한다.

부족할 때는 간합을 하여 생긴 오행의 기운을 도와주는 오행이 많으면 길하다.

오행 중에서 木을 용신으로 하는 곡직격(曲直格)과 火를 용신으로 하는 염상격(炎上格), 土를 용신으로 하는 가색격(稼穡格), 金을 용신으로 하는 종혁격(從革格), 水를 용신으로 하는 윤하격(潤下格)으로 구분한다.

용신격은 격국용신과 용신격으로 구분하는데 팔자를 구성하고 있는 음양오행의 신강, 신약, 조후, 합, 충 등에 따라서 용신을 정한다.

십성격과 상관없이 격국과 용신을 기준으로 정하면 되는데 격국용신(格局用神)이라고도 한다.

특별한 원칙이나 공식적이지는 않고 원국에 전체의 상황을 파악하여 분석하며 월주를 기준으로 십성격에 의해서 용신을 정한 후 격을 정하면 용신격이 된다.

원국(原局)의 음양오행의 생극제화(生剋制化)와 과유불급(過猶不及) 등의 일정한 요건을 갖추지 않고 잡다한 고전격을 잡격이라고 한다.

격국은 격과 용신으로 구성되어 있으며 격은 부귀 빈천의 높낮이를 말하는 것이다.

용신은 부귀 빈천의 높낮이를 바라보는 인간의 시각적인 것과 정신적인 것을 의미한다.

"용신 찾아 3만리(萬里), 격국 찾아 9만리(萬里)"라는 말을 언젠가 들은 적이 있다.

결국에 용신과 격국은 정확히 분석 가능한 사주가 그리 많지 않으며 운에 따라서 달라질 수 있고 분석하는 방향에 따라서도 달리 판단될 수도 있다.

용신은 격국의 성패를 결정하므로 격국과 용신은 별개로 찾지 않아도 되며 나중에 함께 활용하여 찾으면 간명에 도움이 된다.

1. 십성격(十星格)에 의한 특성

1) 비견격(比肩格)

비견격(比肩格)이란 월지(月支)의 비견이 월간(月干)이나 천간에 투간(透干) 되어 합이나 충, 극을 당하지 않고 온전히 작용하는 팔자를 의미한다.

비견격은 건록격(建祿格)이라고도 하며 일간에 힘이 되는 비견이 월(月)에 있으니 고집과 자존심이 대단하다.

매사에 성실하고 정직하며 일관성이 있는 생활 태도를 지닌다.

자기중심적인 사고와 행동을 하고 타인의 간섭을 싫어하며 추진력이 좋으니 재성에 대한 욕심이 대단하다.

단순하고 고집스러우며 융통성이 부족하니 주변 사람들 및 배우자와 갈등이 심하다. 본인의 생각대로 무조건 밀어붙이는 독선적인 성향이 있고 안하무인의 경우가 많다.

충(沖)이 오면 더욱 대인관계가 좋지 않아서 다툼이 잦다.

신강한 사주로 인덕이 부족한 팔자가 되기 쉬우며 부모, 형제운이 좋지 않음을 의미한다.

초년에 재물과 인연이 없으니 자수성가하는 운명으로 일간과 오행 및 음양이 같으니 프렌차이즈 사업에 두각을 보이는 경우가 있다.

재관(財官)으로 적절히 제극(制剋) 하면 오히려 부모 형제와 처운, 재운까지도 좋아진다.

직장생활에는 적응하기가 어렵고 단순 업무나 자격증과 관련된 기술을 바탕으로 한 독립적인 업종을 선호한다.

비견격의 사주는 대체로 신강하므로 식상과 재성, 관성 중에서 용신을 정한다.

양(陽)일간의 경우 관성의 극을 꺼리니 식상과 재성을 추구하는 마음이 강하다.

하지만 항상 원국의 전체를 분석하여 꼭 필요로 하는 오행을 용신으로 정해야 옳다.

2) 겁재격(劫財格)

겁재격(劫財格)이란 월지(月支)의 겁재가 월간(月干)이나 천간에 투간(透干) 되어 합이나 충, 극을 당하지 않고 온전히 작용하는 팔자를 의미한다.

겁재격은 단순하고 솔직한 비견격보다는 생각이 많고 신중하며 함부로 속마음을 잘 드러내지는 않는다.

비견보다 유연하고 융통성은 있지만, 재성에 대한 집착과 욕심은 훨씬 더 강하다. 의심이 많으니 금전거래를 꺼리고 동업을 하지 않으며 타인을 경계하는 성향이 있다.

초년에는 재물복이 없으며 자신이 옳다고 생각하면 무조건 밀어붙이는 독선적인 면이 있다.

겁재격은 대체로 양인격(羊刃格)에 해당하니 특별한 재능과 기술을 지니게 되고 크게 일을 도모하는 힘이 있다.

경쟁력이 뛰어나고 남에게 지는 것을 싫어하며 운에 따라 큰 재물을 모은다.

하지만 주변에서 자신을 도와주는 인덕이 부족하니 사업을 하기는 무리가 있으며 겁재가 많으면 졸렬하고 겉과 속이 다른 면모가 있다.

관성의 극을 받아들이는 형태이니 조직 생활은 만족할 수 있고 직업선택의 폭이 넓다.

지나치게 신강한 사주이므로 식상과 재성에 대한 마음이 강하여 결국에는 자영업 쪽에 관심을 기울이게 되며 직업의 변화가 반드시 있다.

일지에 식상이나 재성 또는 관성이 자리해야 격(格)대로 행동하고 생활한다. 일지에 식상이 온전하고 팔자가 재성으로 통하는 경우가 가장 길하다.

3) 식신격(食神格)

식신격(食神格)이란 월지(月支)의 식신이 월간(月干)이나 천간에 투간(透干) 되어 합이나 충, 극을 당하지 않고 온전히 작용하는 팔자를 의미한다.

식신이 온전하여 격이 성립하면 식복이 있으니 성장기를 풍족하고 여유롭게 보낼 수 있다. 좋은 환경에서 태어났으니 선량하고 인정이 많으며 긍정적인 사고력을 지니게 된다.

식신격은 자신이 가지고 있는 모든 것을 베풀며 살려는 사람이 많으며 자신의 주머니가 텅 빌지라도 주변 사람들에게 절대 소홀하게 대하지 않는다.

성격이 낙천적이고 이해심이 많으며 누군가를 미워하는 성향은 적고 자신의 주변 사람들에게 많은 도움을 아끼지 않는 성향을 지녔다.

지적인 대화와 사색을 즐기며 직관력은 뛰어나지만, 승부 욕이나 추진력은 그리 강하지 않다.

경쟁이 심한 직장이나 영업직, 자영업 등은 꺼리며 자신이 습득한 학문과 관련된 지식을 전달하는 교육계통이나 연구 및 기획업무와 잘 어울린다.

반면 식상이 지나치게 많은 팔자는 관성을 극(剋) 하니 남편과 인연이 부족하고 자식 덕도 기대할 수 없다.

지나친 식상은 일간의 기운을 약하게 하니 몸이 쇠약해지며 의식주가 불안정하고 체면이 손상되어 빈천해지기 쉽다.

매사를 서두르고 덤벙대며 일은 잔뜩 벌여 놓고 뒤는 수습이 불가하여 가까이에서 함께 일하는 사람들의 불만이 쌓이게 한다.

4) 상관격(傷官格)

상관격(傷官格)이란 월지(月支)의 상관이 월간(月干)이나 천간에 투간(透干) 되어 합이나 충, 극을 당하지 않고 온전히 작용하는 것을 의미한다.

상관은 벼슬을 손상한다는 의미가 있으니 벼슬과 상관없는 주관적인 일을 하며 일정한 제도에 얽매이기보다는 자유분방한 사고와 행동을 하는 경우가 많다.

성격이 매우 진취적이며 매사에 호기심이 많고 새로운 것에 도전하기를 좋아한다. 이로 인해서 큰 성공을 거두기도 하지만, 겁 없이 덤벼들다가 큰 실패를 당하는 경우가 있어서 극과 극을 달리기도 한다.

일간이 약하고 상관의 기운이 강하면 진상관(眞傷官)으로 인성이 꼭 필요하고, 일간이 강하고 상관의 기운이 약하면 재성이 꼭 필요하다.

개성이 강하고 자기 주관이 뚜렷하며 남과 융화하기보다는 남보다 뛰어나기를 원한다.

순발력과 임기응변에 능하지만, 간섭이나 지배를 거부하고 자신 뜻대로 행동하니 규율을 무시하는 행동을 서슴없이 하기도 한다.

화술이 뛰어나다고는 하지만 직선적 비판을 잘하고 감정의 기복이 있으니 조직 생활에서 마찰이 빈번하게 발생한다.

지나치면 오만하고 직업의 변동이 잦으며 학문이 중단되고 의식주의 불안정과 체면이 손상되는 일이 발생한다.

자율적인 일반직장이나 전문지식과 화술을 요구하는 직업이 잘 어울리며 활동의 대가가 나타나는 상업직종도 길하다.

인성이 조화로우면 말로 하는 교육자가 좋으며 사주가 약하지 않으면 현실적인 상업 수완이 능통하다.

현대사회에서는 식신보다 머리가 비상하고 재치가 있는 상관이 더 유리할 수 있다.

5) 편재격(扁財格)

편재격(扁財格)이란 월지(月支)의 편재가 월간(月干)이나 천간에 투간(透干) 되어 합이나 충, 극을 당하지 않고 온전히 작용하는 것을 의미한다.

월주에 편재가 있으니 격이 잘 형성되면 부모의 재산이 대단함을 뜻한다.

재물에 대한 안정감은 부족하나 범위는 같은 재물에 해당하는 정재에 비하면 더 크고 관심과 욕심도 대단하다.

이해심이 많으며 상냥하고 대인관계도 원만하니 인간적인 면에서 아주 좋으며 사업가 기질이 뛰어나다.

총명하고 민첩하며 비교적 현실적인 사람이지만 지나치면 사주가 신약하게 되니 의식주가 오히려 불안정하고 학업에 전념하기 어렵게 된다.

통이 크고 호탕한 면은 있으나 일확천금(一攫千金)을 꿈꾸며 허세 부리기를 좋아하고 투기, 도박에 빠져서 망신 수가 뒤따르기도 한다.

재물이 들어오면 들어온 만큼 씀씀이가 커지고 심하면 빈털터리가 되기도 한다.

저축하는 일을 소홀히 하니 금전 관리를 철저히 해야 한다.

이성에 일찍 눈을 뜨게 되고 재물을 탐하게 되며 행동에는 규칙이 없다.

배우자와 인연이 좋지 못하고 덕이 부족하며 육친과도 인연이 짧다.

편인격의 사람과 인연을 맺으면 어느 정도 안정적인 삶을 살 수 있다.

6) 정재격(正財格)

정재격(正財格)이란 월지(月支)의 정재가 월간(月干)이나 천간에 투간(透干) 되어 합이나 충, 극을 당하지 않고 온전히 작용하는 것을 의미한다.

재물을 의미하는 정재가 격으로 성립하면 주도적인 삶을 추구하고 총명하며 솔직하고 현실적이다.

정재격은 재물에 대한 집착과 욕심은 있으나 적당한 재물이나 명예를 생각하고 원만한 인간관계를 유지하며 적당히 사랑도 나누는 가장 모범적인 사람이다.

안정지향 주의라서 횡재수와 같은 재물이나 요행은 바라지 않으며 자신이 살아가기에 불편하지 않을 만큼의 재물을 꿈꾼다.

이해심이 많고 주변의 사람들을 잘 도우니 자연히 사람들이 많이 모이며 가정생활도 모범적이다.

편재에 비해서 조금 답답하고 고지식해 보일 수는 있어도 성실하며 안정감이 있다.

너무 인색하거나 너무 허황하지 않은 지극히 모범적인 경우이지만, 정재가 지나치면 절약하여 모으려는 성향이 강해지니 금전에 인색하고 구두쇠가 되기 쉽다.

융통성이 부족하여 공무원, 은행원, 세무, 회계, 재정 등과 같은 안정적인 직장이 길하다.

정재격이 사주가 신약하면 건명(乾命)의 경우 배우자가 주도권을 가지며, 곤명(坤

命)의 경우 시어머니의 영향력이 강해지니 가정이 편하지 않다.

재는 부를 관장하니 반드시 신강해야 길하다.

7) 편관격(偏官格)

편관격(偏官格)이란 월지(月支)의 편관이 월간(月干)이나 천간에 투간(透干) 되어 합이나 충, 극을 당하지 않고 온전히 작용하는 것을 의미한다.

편관격은 지나치면 흉살로 작용하니 신강해야 강한 카리스마로 권력을 얻을 수 있다.

잘 발현하면 권력계통이나 전문적인 기술직에 능력을 발휘하여 길하게 작용하며 엄격하게 잘 다스리는 성향이 있다.

빠른 판단력과 기회를 포착하는 능력이 탁월하며 리더십과 추진력이 대단하며 의지대로 이루려는 노력이 엄청나다.

자신의 이익과 명예를 얻기 위해서는 물불을 가리지 않으며 출세를 하기 위해서는 남을 밟고서라도 가지려는 욕망이 있다.

설령 잘못된 길을 선택하여 이미 그것을 알고 있어도 시작한 일은 좀처럼 멈추려 하지 않는 아집이 있어서 오히려 크게 화를 당하는 경우가 있다.

자신이 이루고자 하는 일이 있다면 오로지 그것에만 매달리게 되는 경향이 많아서 따르는 이가 적다.

가족이나 주변을 돌보지 않으니 결국 가족에게조차 외면당하는 경우가 흔하다.

사주가 신약하면 편관에 눌려 변덕이 심하고 비굴한 부분이 있으며 히스테리가 심하다.

식신으로 편관의 기운을 눌러주어 다스리면 길하고 인성으로 기운을 설기를 하여도 좋게 작용할 수 있다.

권력을 다루는 기관, 군인, 경찰, 검찰, 무관 등과 같은 기관에 종사하면 길하다.

8) 정관격(正官格)

정관격(正官格)이란 월지(月支)의 정관이 월간(月干)이나 천간에 투간(透干) 되어 합이나 충, 극을 당하지 않고 온전히 작용하는 것을 의미한다.

정관격은 인성에 의해 소통되면 길하고 집안이 훌륭하며 가정교육을 잘 받아서 품행이 단정하고 인격이 높다.

신용과 품위가 있고 규범을 잘 지키며 예의가 있고 직장 운이 좋으니 승진에 길하다.

도덕심이 강하고 자비로움이 있으며 책임감과 신뢰성이 높고 명예와 원칙을 중요하게 여긴다.

대인관계도 무난한 성품을 지니니 조직 생활에 매우 적합하다.

반면 잘 못 발현되면 수동적이고 폐쇄적인 성향을 지니며 고지식하여 융통성이 부족하다.

남이 나에게 무슨 도움을 줄 수 있을까를 먼저 생각하는 이기적인 성향이 있다.

상대의 지위와 명예가 어떤지도 먼저 살펴보고 사람을 사귀며 항상 따지고 재는 경향이 지나치다.

자신의 지위와 명예도 몹시 중요하기 때문에 명예가 무너지는 것을 절대 인정하려 들지 않는다.

보수적이고 안정적인 것을 추구하니 새로운 것에 도전하거나 받아들이는 것은 남들보다 좀 늦다.

정관격은 사업이나 장사보다는 조직에 몸을 담고 국가 기관에 록을 먹는 관리직에 어울리며 행정, 사무, 관리, 비서 등 직장생활이 길하다.

9) 편인격(偏印格)

편인격(偏印格)이란 월지(月支)의 편인이 월간(月干)이나 천간에 투간(透干) 되어 합이나 충, 극을 당하지 않고 온전히 작용하는 것을 의미한다.

편인격은 눈치가 빠르고 부지런하며 기본적으로 의심이 많아서 생각의 속도가 빠르다.

한쪽으로 치우치는 방식으로 받아들이는 성향이 있으나 의외로 신중한 면모가 있다.

상상력과 창의력이 뛰어나며 자기계발에 능하고 기본적으로 학문을 좋아하여 무언가 끊임없이 배우는 것에 관심이 있다.

비겁을 생(生) 하는 십성이니 사랑을 주는 것에 익숙하나 도움이 크게 되지 않는 경우가 흔하다.

자신에게 이익이 따르면 어떻게 하더라도 자기의 것으로 만들려는 기질을 드러내며 자신 이외의 사람에게 소홀함이 있다.

손해를 끼친 사람에게는 반드시 보복하려는 성향이 있고 자기 자신에게는 손해가 되지 않게 행동하는 이기적인 면이 있다.

편인이 신강한 경우는 주변에 있는 사람들에게 괴로움을 주게 되니 가까이 두지 않는 것이 편하다.

반면 신체적인 능력이 훌륭하여 스포츠나 자격증을 가진 공부를 하면 비상한 머리로 탁월한 능력을 발휘한다.

쉽게 싫증을 잘 내지만, 포기만 하지 않고 인내를 가지면 독보적인 존재로 거듭날 수 있다.

재물에 대한 원대한 욕심은 없으나 근본적인 재능을 잘 살리면 저절로 재물이 따른다.

철학적인 사고력을 지니기도 하며 학문보다는 전문적인 기술과 이공계열 및 의료계통에 적합하다.

10) 정인격(正印格)

정인격(正印格)이란 월지(月支)의 정인이 월간(月干)이나 천간에 투간(透干) 되어 합이나 충, 극을 당하지 않고 온전히 작용하는 것을 의미한다.

정인격은 기본적으로 관(官)을 통해 생을 받는 구조가 길하며 대부분 이해심과 수용성이 좋으니 원만한 인간관계를 가지고 있다.

가장 바람직한 성격으로 좋은 가정에서 제대로 된 교육 및 사랑을 받고 자랐으니 높은 학식과 배려심을 가진 성향으로 매사에 긍정적인 모습이다.

지나치게 안정 지향적인 부분이 있어 보수적인 성향으로 치우칠 수 있지만 대부분 큰 굴곡 없는 삶을 누린다.

재물에 대한 욕심보다는 명예나 자존심에 관한 욕심이 우선적이며 주변에 이목과 명예에 관심을 기울인다.

바람직한 교육관을 지니게 되니 교육과 연구 계통에 진출하면 대길하다.

정인이 지나치게 많으면 주변에 도움을 받아서 일을 처리하기 원하니 자연히 의지가 없고 독립심이 부족하며 나태하여 의존형의 경향이 지나치다.

타인에 대한 배려와 이해심이 많으니 종교, 상담, 교육과 관련된 계통이 길하다.

12운성(十二運星)

XI

12운성(十二運星)

12운성(十二運星)이란 우주 삼라만상(森羅萬象)의 이치를 12단계로 나누어 대입하여 인간이 태어나서 죽을 때까지 겪게 되는 생로병사(生老病死)의 과정을 의미한다.

포태법(胞胎法) 또는 절태법(節胎法)이라고도 하며 하늘과 땅의 기운이 만나서 이루어지는 것을 뜻한다.

〈 12운성(十二運星) 표출 〉

天干	生	浴	帶	祿	旺	衰	病	死	墓	絶	胎	養
甲	亥	子	丑	寅	卯	辰	巳	午	未	申	酉	戌
乙	午	巳	辰	卯	寅	丑	子	亥	戌	酉	申	未
丙戊	寅	卯	辰	巳	午	未	申	酉	戌	亥	子	丑
丁己	酉	申	未	午	巳	辰	卯	寅	丑	子	亥	戌
庚	巳	午	未	申	酉	戌	亥	子	丑	寅	卯	辰
辛	子	亥	戌	酉	申	未	午	巳	辰	卯	寅	丑
壬	申	酉	戌	亥	子	丑	寅	卯	辰	巳	午	未
癸	卯	寅	丑	子	亥	戌	酉	申	未	午	巳	辰

10천간의 기세와 역량을 가늠하는 척도로 12지지의 계절과 만나서 왕, 쇠, 강, 약의 힘을 받는 기운을 알아보고 만물이 펼쳐지고 거두어지는 것을 살펴보는 것이다.

지지 기운의 영향을 받아서 천간의 기운이 달라지며 사람이 출생하여 성장하고, 쇠퇴하여 죽고, 다시 태어나는 생로병사의 12가지 순환과정을 비유한 것이다.

기운이 상승하기도 하고, 최고로 강해지기도 하며, 쇠퇴하기도 하고, 무형의 단계로

가기도 하니 어떤 기운을 받고 타고났느냐에 따라서 고유의 기질이나 행동 양식, 성향이 달라질 수 있다.

육신(六神)에 비하면 그 작용이 미미하다고는 하지만, 육신과 결합하여 운명에 크게 작용하니 잘 살펴볼 필요가 있다.

12운성은 장생(長生), 목욕(沐浴), 관대(冠帶), 건록(建祿), 제왕(帝王), 쇠(衰), 병(病), 사(死), 묘(墓), 절(絶), 태(胎), 양(養)의 12단계를 말한다.

12운성을 알아보는 방법은 일간(日干)을 중심으로 사주 내 각각 지지(地支)를 대조하여 보며, 사주 내 각각 천간을 대조하여 지지의 운성을 보기도 한다.

운에서 오는 오행도 대입하여 신수를 볼 때 참고하면 된다.

일간과 관계없이 자연의 절기로 12지지에 12운성을 대입하면 寅은 장생(長生)을 의미하고 卯는 목욕(沐浴), 辰은 관대(冠帶), 巳는 건록(建祿), 午는 제왕(帝旺), 未는 쇠(衰), 申은 병(病), 酉는 사(死), 戌은 묘(墓), 亥는 절(絶), 子는 태(胎), 丑은 양(養)을 의미한다.

일간을 기준으로 12운성을 대입하면 다음과 같다.

양목(陽木)에 해당하는 甲의 경우는 亥에서 장생(長生)하여 子(沐浴), 丑(冠帶), 寅(建祿), 卯(帝旺), 辰(衰), 巳(病), 오(死), 未(墓), 申(絶), 酉(胎), 戌(養)까지 순행하여 진행된다.

음목(陰木)에 해당하는 乙의 경우는 甲의 사지(死地)에 해당하는 午에서 장생(長生)하여 巳(沐浴), 辰(冠帶), 卯(建祿), 寅(帝旺), 丑(衰), 子(病), 亥(死), 戌(墓), 酉(絶), 申(胎), 未(養)까지 역순하여 진행된다.

甲은 亥에서 장생(長生)하여 午에서 사(死)하고, 乙은 午에서 장생(長生)하여 亥에서 사(死)한다.

甲은 寅에서 건록(建祿)이고 乙은 卯에서 건록(建祿)이니 양목(陽木)의 甲은 순행하고 음목(陰木)의 乙은 거꾸로 역행한다.

같은 오행이지만 음양이 다른 甲과 乙처럼 다른 천간에 해당하는 오행도 12운성을 같은 방법으로 대입하면 된다.

1) 장생(長生)

생(生)은 장생(長生)이라고도 하며 무(無)에서 유(有)가 생기는 시기로 태아기를 거친 생명체가 방금 세상에 태어난 상태를 의미하니 출생을 뜻한다.

새로운 시작을 상장하여 꿈과 희망으로 모든 일에 강한 자신감이 있고 최고의 길성(吉星)으로 발전을 의미한다.

내부적으로 쌓인 힘이 강하여 천간의 기운을 왕성하게 도와주고 대인관계가 원만하며 밝고 평온하여 머리가 좋다.

2) 목욕(沐浴)

욕(浴)은 목욕(沐浴)이라고도 하며 태어난 신생아가 과거의 때를 벗고 목욕함을 의미한다.

지난 일을 정리하고 새롭게 나아가는 변화의 시기로 새로운 시작을 위함이니 목적을 달성하기 위해 일종의 희생이 따르고 불안정한 환경 탓으로 방황하는 상태이다.

발가벗은 상태이니 원국(原局)에서 흉하게 작용하면 바람기와 주색을 의미하여 이성 관계가 복잡해지기 쉽다.

변동이 심하니 직업이 불안정하며 풍류를 즐기고 싶은 마음이 많아서 문장력은 좋으나 끈기가 부족하다.

덜 성숙한 상태이므로 어린아이처럼 경솔한 면이 있으며 부모와 인연이 박하다.

3) 관대(冠帶)

대(帶)는 관대(冠帶)라고도 하며 성장한 생명체가 청년으로 넘어가는 단계이니 옷을 입고 띠를 두르는 의미이다.

성년이 되어 사회로 나갈 준비를 마친 시기로 미래에 대한 목표를 세우고 학문과 출사를 통해서 독립하는 시기이다.

결과가 현실로 나타나는 시기이니 식록(食祿)이 풍부하다.

출사를 의미하니 자신의 포부를 펼치고 고집이 있으며 뽐내기를 좋아한다. 두뇌가 명석하여 지혜가 있고 부모의 덕이 있으며 학교에서 공부하는 시기를 의미한다.

명예욕이 대단하여 중년 이후 운세가 좋아지지만, 사람들과의 충돌을 주의해야 한다.

4) 건록(建祿)

록(祿)은 건록(建祿)이라고도 하며 장성한 청년기를 의미하니 사회에 나가 건실하게 활동하여 벼슬길에 오르는 복록을 의미한다.

벼슬을 세운다는 의미이니 국가의 록을 먹으며 공직이나 취업을 뜻하여 명성이 높다.

어려운 일이 닥쳐도 과감히 뚫고 나아갈 수 있고 적극적이면서 활발하여 대인관계도 원만하며 재물이 풍족하다.

주관이 뚜렷함을 의미하니 자기중심적인 사고와 행동으로 타인의 간섭을 꺼리고 독립심이 강하여 자수성가하는 경우가 많다.

5) 제왕(帝旺)

왕(旺)은 제왕(帝旺)이라고도 하며 인생의 최고 절정기이고 만인을 통솔하는 위엄이 있다.

부귀가 왕성함을 뜻하고 공직이나 직장생활에서 활동을 의미한다.

사회적으로 가장 왕성한 활동상태이므로 기운이 대단하고 일 처리가 명확하며 추진력도 강하여 부귀를 누린다.

왕성하게 지상에 뿌리를 내린 상태이니 양보가 없으며 승부 욕과 자존심이 매우 강하여 안하무인의 성향을 드러낼 때가 있다.

독불장군 기질이 있으니 운에 따라서 큰 좌절을 맛보게 될 수도 있다.

안으로는 곧 쇠함을 나타내니 도전을 받으면 흔들리니 교란이 일어날 수 있다.

6) 쇠(衰)

쇠(衰)는 최절정기를 지나서 쇠퇴함을 의미하니 사회적으로 큰 활동을 기대하기 어려운 시기로 정년(停年)이 되어 퇴직하는 시기를 뜻한다.

최상에서 한걸음 물러난 시기이니 추진력이 약하여 현실에 안주하려는 마음이 강하고 변화를 싫어하며 주변을 의식하여 눈치를 보는 경향이 있다.

아직은 정신적으로 의욕이 남아있고 일에 대한 처리능력은 노련함이 있으며 신중하고 보수적이니 실수가 적다.

욕심은 없으나 의심이 많고 운기는 남아있으나 내부적으로 쇠퇴하여 부모덕이 없다.

7) 병(病)

병(病)은 병약(病弱)함을 뜻하니 신심에 병이 든 상태로 쇠퇴기를 지나서 나약해지는 시기를 의미한다.

기세가 꺾이니 활동력이 눈에 띄게 현저히 줄어들고 기상이 꺾이는 시기이다. 역량을 발휘하기가 어려워서 매사에 자신이 없고 하는 일마저 중단되는 경우가 흔하다.

사색적이고 비관적이며 감성적 성향이 강하여 신경질적이다.

육체와 정신이 모두 힘든 시기로 운기는 병이 든 것과 같으며 부모와 생사 이별의 암시가 있으니 부모덕을 기대하기 어렵다.

8) 사(死)

사(死)는 병이 들어서 죽음을 의미하니 모든 활동이 정지된 시기로 외적인 활동을 접고 내적인 세계에 몰두하는 상태로 종말(終末)을 뜻한다.

활동성이나 운기가 꺾인 상태이니 병약하고 긍정적 사고와 진취적인 기상은 거의 찾아볼 수 없다.

매사가 불안하고 초조하니 성급함이 있으며 머리가 좋아서 학문을 좋아하나 끈기가 부족하다. 선견지명은 있으나 결단력이 둔하고 성급하여 이용당하기가 쉬우며 병이 들어 인생을 마감하고 부모덕이 없다.

9) 묘(墓)

묘(墓)는 묘지를 의미하며 죽음에 이른 생명체가 묘지에 묻히는 것을 뜻한다.

모든 결과물을 쌓아 저장해 놓은 것으로서 자신의 소임이 완전히 마무리된 상태를 의미한다.

인생의 모든 면이 종식되어 허망함을 느끼고 모양은 사라졌으나 운기는 미미하게 남아있다.

잔병이 많고 집념이 부족하며 육신의 죽음을 의미한다.

주변과 단절되어 고독한 삶을 지속하고 자신의 속마음을 드러내지 않으며 근심과 걱정을 안고 산다.

욕심이 많으니 경제적 개념이 발달하여 말년에 운이 좋아지는 경우가 있다.

10) 절(絶)

절(絶)은 절지(絶地)라고 하며 육체와 정신적인 활동이 완전히 정지된 상태로 세상의 인연과 모든 것이 끊어지는 것을 의미한다.

형태가 없는 단계이니 자신이 생각한 바를 행동으로 실천하기가 어렵고 변덕이 심하며 즉흥적이고 충동적이다.

하늘과 땅의 어디에서도 존재를 찾을 수가 없으니 모든 인연과 끝남을 뜻하고 심신이 불안정하여 침울한 면이 있다.

절지에 놓여 있는 육친과는 인연이 박하지만 끝남은 새로운 시작을 의미하니 새 생명을 잉태하는 준비단계를 의미하기도 한다.

11) 태(胎)

태(胎)는 봉생(逢生)이라 하여 형체는 없으나 태동을 의미하여 새 생명이 어머니 뱃속에서 잉태함을 뜻하니 새로운 탄생을 위해 준비하는 상태이다.

새로운 생명이니 희망과 발전을 뜻하지만, 어머니 뱃속에서 양육을 받는 상태이므로 강한 추진력이나 행동은 현실로 나타나지 않고 계획단계라고 할 수 있다.

어릴 때는 잔병이 많고 끈기와 결단력이 부족하며 성질은 온순하다.

실없는 말을 많이 하고 사물에 대한 호기심과 남의 관심 끌기를 좋아하니 공상가의 기질이 다분하다.

12) 양(養)

양(養)은 어머니 뱃속에서 잉태된 새로운 생명체가 자라고 있음을 의미하니 희망과 발전을 기대하는 상태를 의미한다.

어머니 뱃속에서 절대적인 보호를 받으니 누구의 간섭도 없이 안정적인 성장을 의미한다.

현실에 만족하지만 조금씩 야망을 불태우는 상태이며 잔걱정은 많으나 참을성과 인내심은 강하다.

사교성은 좋으나 색난(色難)을 의미하니 부부인연이 박하다.

천간은 12운성의 운기에 따라서 기운이 다르게 나타난다.

장생, 목욕, 관대에 이르면 성장의 운기가 되고 건록, 제왕, 쇠에 이르면 가장 활발한 운기에 해당한다.

병, 사, 묘에 이르면 쇠퇴하고 절, 태, 양에 이르면 운기는 완전히 침체된다.

이처럼 같은 하늘의 丙이 태양이라면 子月의 태양과 午月의 태양의 뜨겁기는 분명 다르다.

가장 뜨거운 오시(午時)에 태양과 한밤중에 태양의 뜨겁기도 다르다. 밤에는 이미 해가 졌으니 태양의 역할을 하지 못하니 달빛으로 비유하며 일간과 지지와의 기운도 함께 살펴봐야 한다.

팔자 내에 일간 외의 천간과 세운에서 오는 글자와 12운성의 기운도 살펴봐야 한다.

12운성은 운명을 논하는 한 부분으로 이해하고 참고하면 도움이 되지만, 절대적으로 대입하여 감명하는 것은 문제의 소지가 있다.

자연의 운동을 살펴보는 것으로 자연의 순환에서 생성과 소멸의 주기를 보는 것이라 할 수 있다.

제12장

부록

XII
부록

1. 자형살(自形殺)

　자형살(自形殺)이란 십천간(十天干)과 십이지지(十二地支) 중에서 같은 글자가 쌍으로 나란히 자리하고 있으면 적용된다.

　같은 모양이니 서로 간에 거부감을 느끼게 되고 투쟁 정신이 왕성하게 발동하여 스스로가 화를 자초하는 의미가 있다.

　스스로가 스트레스를 받으며 쓸데없는 근심이나 걱정을 달고 사니 심리적인 갈등이나 피해의식이 많으며 항상 불안하고 초조하다.

　조급한 성격으로 매사에 일을 그르치며 사고나 자해 행위로 인한 신체에 장애가 생길 수 있다.

　법정 다툼을 하게 되니 가정이 시끄러워질 수 있는 경향이 높다.

　같은 글자가 원국에 두 개 나란히 있을 때나 운에서 만나도 적용이 된다.

　재물을 두고 서로 갖겠다고 다투게 되고 육친에 따라서 해당하는 문제를 유발하기도 한다. 위치에 따라서 발현의 특성이 다르게 나타나니 잘 살펴보아야 한다.

　자형살은 같은 것끼리 투쟁을 하니 더 지치고 힘들며 가까워질수록 서로 상처를 크게 줄 수 있으며 승부를 보려고 하면 결국 자기 자신이 다치게 된다.

　서로 충돌을 피하고 이해하며 서로의 영역을 보장해줄 필요가 있다.

1) 천간(天干) 자형살(自形殺)

천간(天干)의 글자가 같은 글자끼리 쌍으로 나란히 있을 때 천간 자형살로 보며 천간병존(天干並存)이라고도 한다.

부모나 형제지간에 의지하기를 좋아하고 궁에 따라서 해당하는 육친이 병약해지기도 한다.

〈 천간(天干) 자형살 〉

天干	적요
甲甲	집안이 망하고 사업이 망하거나 파산한다.
乙乙	인덕이 없고 부부가 이별, 사별할 수 있다.
丙丙	빈번한 사고와 재앙이 따르고 일찍 고향을 떠난다.
丁丁	인덕이 없으며 외롭고 고독하다.
戊戊	역마가 있으니 잘 돌아다니고 바람을 피운다.
己己	정착하기 어렵고 고독하며 배우자 덕이 없다.
庚庚	일생에 파란이 많고 정체됨이 있다.
辛辛	어려운 일이 생기고 명을 다루는 일과 인연이 있다.
壬壬	음란하고 색정이 강하며 여자의 경우가 더 강하다.
癸癸	수다 수액으로 인기가 있으며 배다른 형제가 있다.

甲甲 자형살은 부모를 일찍 여의거나 본인이 파산하게 되며 형제지간에 경쟁심이 강하여 서로 간에 분쟁이 생겨서 상처를 받게 된다.

乙乙 자형살은 주위에 도움이 없고 인덕이 부족하며 외롭고 고독하다. 인내심은 있으니 노력하면 성공할 수 있으나 부부의 인연이 박하여 해로하기가 어렵다.

丙丙 자형살은 천간 역마살로 작용하여 돌아다니기를 좋아하니 사건 사고가 빈번하고 일찍 고향을 떠나서 타향에서 생활하게 된다.

丁丁 자형살은 인덕이 없으니 도와주는 이가 없고 일의 추진력이 부족하며 외롭고 고독하다.

戊戊 자형살은 천간의 역마살 중에서 가장 큰 역마로 유학, 무역, 외교, 이민 등 넓은 곳에서 활동해야 이롭다.

己己 자형살은 미약한 역마살로 한곳에 정착하기가 어려우며 배우자 덕이 없으니 고독하다.

庚庚 자형살은 천간의 역마살로 일생이 정체됨이 많고 파란을 겪게 된다.
활동적인 직업을 가지면 좋으며 칼을 다루는 직업과 어울린다.

壬壬 자형살은 천간의 도화살로 자신을 드러내는 직업이나 물장사와 관련된 서비스 업종에 종사하는 경우가 많다.
색을 밝히니 일부종사가 어렵다.

癸癸 자형살은 천간의 도화살로 인기를 얻는 직업이나 서비스업종에 종사하는 경우가 많다.
물로 인한 액을 당하기 쉬우니 주의해야 한다.

2) 지지(地支) 자형살(自形殺)

지지(地支)의 글자가 같은 글자끼리 쌍으로 나란히 있을 때 지지 자형살로 보며 지지병존(地支並存)이라고 한다.
지지의 모든 글자가 자형살에 해당하나 그중에서 辰辰, 酉酉, 午午, 亥亥가 가장 문제가 많은 자형살에 해당한다.

〈 지지(地支) 자형살 〉

地支	적요
子子	돌발사고가 잦고 건강관리에 유의해야 한다.
丑丑	고독하여 부부 불화가 잦고 허리뼈가 약히다.
寅寅	변고가 많고 고독하며 무자식 팔자의 경우가 있다.
卯卯	작은 변동이 잦고 일이 막히며 지체됨이 많다.
辰辰	인생이 진흙탕 속으로 걸어가는 형상이니 불길하다.
巳巳	타향객지 떠돌이로 항상 시비가 많다.
午午	드러나는 불같은 성격 탓으로 정신적 문제가 많다.
未未	타향객지 떠돌이가 많고 순간의 분을 참지 못한다.
申申	교통사고나 연장사고를 주의해야 한다.
酉酉	큰 수술이나 연장사고의 흉터를 암시한다.
戌戌	자식과 인연이 없고 인덕도 없다.
亥亥	물을 가까이하는 직업이 많고 욕심이 많다.

辰辰 자형살은 변화무쌍하며 준비가 덜 되어있는 상태를 모르고 착각하게 되어 일을 더 크게 만들어서 꼬이고 얽힌다.

원국에서 水의 기운이 강할 때 가장 크게 작용을 하며 기대에 못 미치는 결과 때문에 스트레스가 심하고 그로 인해서 신경성 위염이 발생할 수 있다.

매사 지체되고 막힘이 있으며 일을 자주 바꾸게 되고 몸에 상처와 수술 자국이 생길 수 있다.

부모와 인연이 박하고 형제간에 우애가 없어서 고독해지기 쉽다.

甲 일간의 남자가 일지(日支)와 시지(時支)에 辰辰 자형살을 가지고 있을 시 처와 다른 여자로 인하여 대단히 고생하게 된다.

午午 자형살은 뜨거운 것이 문제이니 감춤이 없고 드러나는 성격 탓으로 시비와 다툼이 잦다.

배우자와 인연이 약하고 자식 운도 박하며 자기중심적이고 경쟁의식이 강하며 항상 불안하고 초조하다.

탕화살과 관련이 있으며 열기가 제대로 빠져나가지 못하면 중풍, 화기, 폭발, 조울증, 정신, 신경계 질병 등을 조심해야 한다.

신기가 발달하여 무속인과 연관된 정신적인 문제가 발생할 수 있고 욕심이 많으며 사고수도 잦다.

시력이 나쁜 경우가 많고 혈액, 당뇨, 비뇨기 질병 등을 조심해야 한다.

지지에 寅이 있거나 火가 많으면 흉의 의미가 더욱 크다.

酉酉 자형살은 날카로운 것이 문제이니 단단한 것끼리 부딪쳐서 상처가 나고 그로 인하여 몸에 흉터를 지니게 된다.

酉는 왕지로서 고집불통을 의미하고 칼에 해당하므로 수술을 하거나 날카로운 금속, 쇠붙이나 기계 등에 의한 큰 사고를 의미한다.

연장이나 기계로 인한 사고, 부상, 수술을 암시하고 여자는 생리불순, 갱년기 질환, 세균성 질환 등을 주의해야 한다.

수갑을 의미하여 구속이나 법적인 제재를 당할 수 있으며 살기가 넘쳐서 재난을 당할 수도 있다.

성격이 급해서 손해를 보기가 쉽고 예민하고 똑 부러지는 성향 탓으로 타인과 마찰이 심하다.

경찰이나 검찰, 군인, 의사 등과 같이 강한 직업을 가지면 길하다.

亥亥 자형살은 물로 인한 각종 재해를 의미하니 물에 빠지거나 수재를 입는다.

年, 月에 있으면 조상의 묘소에 물이 차는 경우가 많고 日, 時에 있으면 집터에 수맥이 있는 경우가 흔하다.

인덕이 없어서 고독하고 남에게 베풀기는 좋아하지만 정작 본인은 신세가 처량하다.

천문과 관련이 있으니 정신적으로 생각이 많고 복잡하며 역마살에 해당하여 정착하지 못하고 방황을 하다가 사고 수가 발생한다.

홍수나 수재를 주의해야 하고 혈액성 질환을 조심해야 한다.

卯卯 자형살도 실제 감명에서는 예민함이 극대화되고 강박증에 가까운 성향을 드러내기도 한다.

자형살이 월지(月支)에 있으면 부모가 질병으로 고생을 하고 일지(日支)에 있으면 배우자가 병약하며 시지(時支)에 있으면 자식이 병약하다.

그 외 지지의 자형살은 대체로 미미하지만, 육신과 연관되어 흉하게 작용하면 흉이 더 커진다.

자형살이 있어도 신강하고 격이 좋으면 귀격(貴格) 사주가 될 수 있고 신약 하여 그대로 살이 작용하면 빈천함을 면하기는 어렵다.

2. 학업과 오행의 관련성

〈 학과별 오행 〉

인문계열	木, 火
자연계열	金, 水

일반적으로 木과 火는 인문계열이고 金과 水는 자연계열로 참작하여 구분한다.

자연계열은 오행(五行)으로, 인문계열은 육신(六神)으로 구분하여 판단하기도 한다.

〈 어문학 계열 〉

木	국문학, 일어, 동남어
火	스페인어, 중동, 남미어, 호주
土	중국어, 인도, 태국어
金	영어, 불어, 독어, 캐나다
水	체코, 오스트리아, 루마니아, 덴마크, 룩셈부르크

일간에 해당하는 오행을 중심으로 보거나 사주 내에 가장 많은 오행을 참고하여 판단하기도 한다.

〈 오행에 의한 학교 및 학과와의 인연 〉

木	자연계열	농업, 조경, 생명공학, 건축, 도시공학, 토목, 재활, 섬유, 의상, 생물, 한의학, 공중보건
	인문계열	교육, 경영학, 광고, 홍보, 출판, 인쇄, 방송, 법학, 미서학, 회계학, 사회복지, 아동 관련
火	자연계열	전자공학, 반도체, 염색공학, 공중보건, 시각디자인, 영상, 항공, 약학, 한의학, 공학, 방사선
	인문계열	어문학과, 관광, 광고, 홍보, 신문방송, 분장학과, 레크레이션, 이벤트
土	자연계열	토목, 지리, 지구과학, 지질, 환경공학, 조경, 원예, 축산, 낙농, 도예, 공예
	인문계열	부동산, 가정, 역사, 사학, 세계사, 국사, 고고학, 인류학, 민속학
金	자연계열	금속, 기계, 전산, 정보처리, 통계, 자동차, 보석세공, 교통, 의학, 수의학, 간호학, 의료기
	인문계열	경제, 정치, 법대, 소비자 보호
水	자연계열	식품영양, 조선, 천문, 기상, 유전 공학, 선박, 간호학, 전산, 정보처리, 통계, 약학, 건축설계
	인문계열	법학, 교육, 사법, 외교, 무역, 통계, 경제, 경영, 관광, 경영정보

자연계열은 오행으로 인문계열은 육신으로도 구분하여 판단하기도 한다.

비견과 겁재는 경호, 부동산, 프렌차이즈 사업 등과 관련이 있다.

식신은 교육, 금융, 예능계열이며 상관은 말로 하는 직업의 통역이나 벤처, 세무, 경영정보 등과 관련이 있다.

편재는 무역, 금융, 정보, 증권, 외교이며 정재는 세무, 회계, 행정, 물리 등과 관련이 있다.

편관은 무관으로 경찰, 법관, 정치, 약학이며 정관은 문관으로 행정, 법학, 경제 등과 관련이 있다.

편인은 종교, 심리, 철학, 언론, 의학이며 정인은 교육, 행정, 종교, 창작 등과 관련이 있다.

寅, 申, 巳, 亥가 2대 대운에 있는 학생은 과학을 전공하는 것이 길하다.

그중에서도 申, 亥가 2대 대운의 경우에는 이과를 선택하고 寅, 巳가 2대 대운의 경우에는 문과를 선택하는 것이 어울린다.

子, 午, 卯, 酉를 지지에 많이 가지고 있는 경우에는 수학전공이 어울리고 辰, 戌, 丑, 未는 어학과가 길하다.

2대 대운은 평생의 고민으로 보는 경우가 많으며 괴강살과 백호대살의 경우에는 지방대학이나 특수대학과와 인연이 있다.

〈 환자가 약을 쓰는 방법 〉

寅午戌 生(띠)	동쪽의 젊은 의사, 남쪽의 노인 약방
申子辰 生(띠)	서쪽의 젊은 의사, 북쪽의 노인 약방
巳酉丑 生(띠)	북쪽의 젊은 의사, 서쪽의 노인 약방
亥卯未 生(띠)	남쪽의 젊은 의사, 동쪽의 노인 약방

십성 중에 편인, 편관, 상관에 해당하는 날은 병원에 가는 날로 피하는 것이 이롭다.

卯와 酉가 沖이 되는 날은 부작용이 있을 수 있으니 병원을 다른 날로 택일하는 것이 유리하다.

3. 12지(十二支) 동물의 특징

12동물을 상징하는 십이지신의 특성과 성질로 열두 띠의 상징성을 인간에 대입하면 타고난 심성과 속성을 알아볼 수 있다.

발톱이 짝수면 음(陰)이고 홀수면 양(陽)이 되는 이치에 의하여 열두 짐승을 차례로 배속시켰다는 이론도 있으나 12간지 시간은 해당 동물들의 행동을 비유하여 2시간 단위로 나눈 것이다.

열두 짐승을 차례로 나열해서 띠를 두른 모양이 되어 그해를 동물의 띠로 정한 것이다.

같은 동물의 띠로 태어났어도 계절과 태어난 날, 시간에 따라서 팔자가 달라지니 운세와 성격이 다르다.

띠가 좋은 해는 출산율이 높아지는 것도 이치가 있으며 혼인할 때나 각종 택일을 할 때도 중요하게 사용한다.

1) 쥐(子)

쥐(子)는 23時 半~01時 半 사이에 해당하고 풍요와 다산을 상징한다.

쥐는 눈치가 빠르고 영리하며 지혜롭고 재물을 모으는 재주가 남다르다. 한 번 들으면 여러 가지를 동시에 깨우치며 사교성이 좋아서 돌아다니기를 즐기고 부지런하며 활동적이다.

작은 일에 쉽게 흥분하나 자제력은 있으며 온순한 편이고 인간관계가 비교적 원만하다. 민첩함과 근면성을 지니지만, 잘못 발현하면 투기와 탐욕으로 나타나기도 한다.

신체적으로 좀 나약하여 의지와 추진력이 약한 경우가 많다.

자(子)는 춥고 어두우니 살아남기 위해서 신중함을 기하며 경계심이 많다. 굉장히 예민한 동물로 의심이 많고 잘 놀라는 특징을 가지고 있으며 그로 인해서 담이 약하다.

야행성으로 눈에 결함이 있는 동물이니 시력에 문제가 발생할 수 있으며 그중에서 흰 동자가 결핍된 동물이므로 눈병에 잘 걸릴 수 있다.

子日에 눈병이 설리면 고치기가 어려운 상황이 발생한다.

2) 소(丑)

소(丑)는 01時 半~03時 半 사이에 해당하고 인내심이 강하며 신의가 두터워서 우직하고 순박함을 상징한다.

근면 성실하고 부지런하며 모든 일에 신중하고 어려운 일도 난관을 잘 극복한다.

외유내강형으로 명예욕이 강하고 남에게 지기 싫어하는 승부욕과 추진력이 강하며 주위 사람들을 끌어당기는 힘이 있다.

고집이 있고 개성이 강하며 자립심이 있고 남에게 베풀기를 좋아해서 주변 사람들로부터 존경을 받는다.

여유와 평화로움으로 인식되지만, 때로는 고집이 세고 아둔하며 어리석을 때가 있다.

보수적이고 자기 것을 잘 챙기지 못하는 단점이 있다.

위장이 약하여 소화를 바로 못 하니 되새김질을 하며 그로 인해서 치아가 약하다.

치아에 병이 생겼을 때는 소고기를 먹으면 좋지 않고 위장이 나쁠 때는 당연히 고기류는 피하는 것이 좋다.

3) 범(寅)

범(寅)은 03時 半~05時 半 사이에 해당하며 호랑이는 용맹하고 권세와 의협심을 상징한다.

관대함과 일관성이 있고 활발한 성격으로 명예와 품위를 지키려고 하며 한번 목표를 세우면 끝까지 해내는 끈기가 있다.

주관이 뚜렷하여 구속과 간섭을 싫어하고 무모할 정도로 돌진하는 지도자적인 기질이 있다.

어릴 때부터 매우 분주할 가능성이 크고 사교성이 좋으며 학문을 부지런히 갈고닦게 되면 관록을 얻을 수 있다.

성품이 밝고 활달하며 타고난 사업가 기질이 있으니 주위 사람들의 뜻을 한곳으로 모아 이끌어가는 힘이 있다.

사람들이 잘 따르는 은근한 매력은 있으나, 낭비가 심하고 독선적인 성격과 조급함으로 일 처리가 서툴다.

사려가 깊지 못하여 신뢰를 받기 어려울 수 있으며 인생이 너무 격렬하다.

호랑이는 뒤를 돌아볼 때 온몸을 틀어서 돌아보니 목에 약점이 있는 동물이다.

4) 토끼(卯)

토끼(卯)는 05時 半~07時 半 사이에 해당하고 재치가 있으며 다산과 풍요를 상징한다.

머리 회전이 빠르고 온순하며 붙임성이 좋으니 동료들에게도 인기가 있다.

베풀기를 좋아하지만, 내면에 갈등이 많고 겁이 많아서 잘 놀라며 우울 성향을 지니는 경우가 많다.

마음이 소심하여 큰 배짱은 없으니 과욕을 부리지 말고 자신의 분수를 알아서 적당히 조화로운 선에서 하면 뭐든 더 잘 풀린다.

남의 말을 너무 믿고 호기심이 지나쳐서 어떤 일을 시작했을 때 재미를 쉽게 느끼지만, 싫증도 빨리 느낀다.

그로 인해서 초년에는 성공과 실패가 반복될 수 있다.

토끼는 입술이 결핍된 동물로 입과 입술에 생길 수 있는 염증이나 병에 주의해야 한다.

卯日에는 병원 출입을 피하는 것이 좋다.

5) 용(辰)

용(辰)은 07時 半~09時 半 사이에 해당하고 머리가 좋고 지혜가 뛰어나서 임금을 상징한다.

하나를 가르쳐주면 열을 깨우치며 운이 좋고 재주가 있어서 성공할 가능성이 있다.

성격이 강하고 추진력이 좋으며 꾀가 많고 재물 운도 비교적 좋아서 뛰어난 재주로 상당한 재물을 모을 수 있다.

온순하지만 건드리면 사나우며 사치와 화려함을 좋아하고 시기와 질투심이 강하다.

항상 주변 사람들보다 앞서가야 직성이 풀리는 성격으로 다른 사람들로부터 시샘과 모함을 받을 수도 있다.

용은 상상의 동물로 귀에 결함이 있다.

6) 뱀(巳)

뱀(巳)은 09時 半~11時 半 사이에 해당하고 차갑고 활동적이며 활발하여 패기를 상징한다.

두뇌가 명석하고 도전적인 생각과 추진력은 어느 정도 갖추고 있어서 출세가 빠르다. 용모가 바르고 정숙하며 비교적 차분한 성품을 가지고 있고 학문과 인연이 깊어서 열중하면 목적한 바를 이룰 수 있다.

학업 성적은 좋지만, 싫증을 빨리 느끼고 방황하는 기질이 있어서 불안정하다.

혀가 둘로 갈라져 있으니 말조심을 해야 하며 색정이 강하다.

뱀은 다리가 결핍된 동물로 巳日에 하체의 발병이 생기면 고치기가 힘이 든다.

허물을 벗으니 화(火) 기운이 강하면 아토피나 피부병에 주의해야 한다.

7) 말(午)

말(午)은 11時 半~13時 半 사이에 해당하고 뛰어난 순발력과 생동감은 강인한 인상을 주며 행운을 부르는 상징을 의미한다.

대인관계가 원만하고 감수성이 풍부하며 바르고 행실이 건실하니 주변 사람들로부터 칭찬을 듣는다.

정직한 성품은 타고나서 꾸준한 노력으로 학업에 정진하고 윗사람을 잘 섬기며 대인관계가 원만하다.

외유내강형으로 강직하고 올곧으며 고지식한 면이 있다.

역마의 기운이 강하여 활동적이고 성격이 급하며 앉아서는 쉬지 못하고 일을 서둘러서 처리해버리는 경향이 있어서 실패를 경험하기도 한다.

말은 심장을 돕는 기관으로 담의 기능이 퇴화한 동물이다.

담석증이나 쓸개에 병이 있는 사람은 말고기를 먹지 말아야 한다.

8) 양(未)

양(未)은 13時 半~15時 半 사이에 해당하며 유순하고 착하며 어질고 좋은 운을 상징한다.

강직한 외유내강형의 성격으로 참을성이 있고 희생정신이 있으나 자존심이 강하고 신경이 예민하다.

장성하면서 일찍 밖으로 나가서 일하면 재물이 더 많이 생길 수 있으며 사람들이 많이 따르니 권위가 있다.

노력하면 반드시 성공을 얻게 되며 보기보다 배짱이 큰 편이니 큰돈을 벌 수 있다.

능력은 분명 있지만, 한곳에 정착하지 못하여 동분서주하기가 쉬우므로 즐기기만 하면서 노력을 게을리하면 성공이 어렵다.

학업에 관심을 가지기보다는 여기저기 돌아다녀야 속이 후련해지며 큰돈을 한꺼번에 잃을 수도 있으니 조심해야 한다.

양은 눈동자가 결핍된 동물로 눈병이 생기면 양고기나 염소고기를 먹지 말아야 한다.

未日에 눈병이 걸리면 고치기는 힘이 든다.

9) 원숭이(申)

　원숭이(申)는 13時 半~15時 半 사이에 해당하고 사람과 가장 닮은 동물로 영리하고 재주가 뛰어남을 상징한다.

　감각적이고 사교적이며 임기응변이 능하고 재능과 기술이 뛰어나서 관련된 일을 하게 되면 두각을 나타낸다.

　어려움이 닥쳐도 수완이 좋고 능력이 탁월하여 극복을 잘한다.

　예민한 면이 있고 자존심이 강해서 자칫 사람들과 어울리지 못하고 외롭게 지낼 수도 있다.

　때에 따라서 간사스럽고 일의 마무리가 잘되지 않아서 끝이 흐지부지한 경우가 발생한다.

　볼에 결함이 있는 동물이며 申日에 안면에 병이 생기면 약이 없게 된다.

10) 닭(酉)

　닭(酉)은 15時 半~17時 半 사이에 해당하며 하루를 시작하는 인시(寅時)에 울어서 길조(吉鳥)를 뜻하니 병아리와 함께 오복의 상징으로 통한다.

　의외로 도전적이고 적극적인 성격을 지니며 호기심이 많고 손재주가 있다.

　머리가 뛰어나서 남들이 하지 못하는 일을 가끔 해내기도 한다.

　안정적이고 부지런한 노력 형으로 처세에 능하지만, 이기적이고 예민하며 직선적이고 가끔 지나치게 무모할 때도 있다.

　섬세한 면이 있으며 혼자서 스스로 무엇인가에 흥미를 느낄 수가 있으며 뛰어난 예술성을 가지고 새로운 것을 창조해낼 때도 있다.

　알을 낳는 동물들은 대부분 신장이 발달하지 않으니 닭은 신장에 결함이 있는 동물로 생식기의 기능과 밀접한 연관이 있다.

　신장에 병이 생겼을 때는 닭고기를 금해야 한다.

卯日과 함께 酉日도 병원 출입을 피해야 한다.

11) 개(戌)

개(戌)는 15時 半~17時 半 사이에 해당하고 충성심과 책임감이 있으며 정직함을 상징한다.

임기응변에 능하고 친화력이 뛰어나며 마음이 어질고 현명한 판단력을 지니니 사회에서 인정을 받는다.

항상 주변에 따르는 사람이 많고 재물도 풍족한 편으로 적극적인 도전정신을 가지고 있다.

손재주와 예술방면에 두각을 나타내며 항상 희생정신으로 분주하지만, 부모와 형제의 덕이 부족하니 자수성가해야 한다.

개는 심장에 결함이 있는 동물로 심장은 염치를 담고 있는 통이라는 의미로 염통이라고 한다.

수치를 모르니 욕을 할 때 붙이는 이유가 여기에 있다.

심장에 질환이 있는 사람은 특히 개고기를 멀리해야 하며 戌日에 심장에 병이 든 사람은 고치기가 어렵게 된다.

12) 돼지(亥)

돼지(亥)는 15時 半~17時 半 사이에 해당하며 머리가 영리하고 의리가 있으며 부와 복의 상징으로 행운을 의미한다.

희생정신과 자비심이 있으며 어려운 환경에 처하더라도 쉽게 굴하지 않고 잘 극복한다.

주변 사람들에게는 평판이 좋으며 독립 정신이 강하여 목표가 정해지면 집중하는 집념으로 어려운 상황에 대처를 잘한다.

베풀기를 좋아하지만, 사람을 가려서 사귀며 독선적이고 독단적인 성향이 해가 되기도 한다.

은근한 고집이 있어서 다른 사람의 도움을 받으려 하지 않으며 그로 인해서 고독하고 때로는 게으르며 탐욕스러워지기도 한다.

살이 많은 동물이므로 관절이 약하며 고지혈증이나 심혈관 질환에 주의해야 한다.

신경통을 앓게 되면 돼지고기를 먹지 않는 것이 좋다.

4. 당사주(唐四柱)

당사주(唐四柱)란 중국 수(隋)나라에 이어서 당나라 때에 성행하였으며 삼국시대부터 지금까지 1000년 이상 흘러왔다. 우리나라는 1970년 이후로 잘 사용하지 않아서 자취를 감춘 학문이다.

태어난 년지(年支)를 기준으로 월지(月支), 일지(日支), 시지(時支)를 짚어가면서 십이지(十二支)와 연관 지어 해석하는 이론이다.

〈 손가락 마디로 12 별자리 알아보기 〉

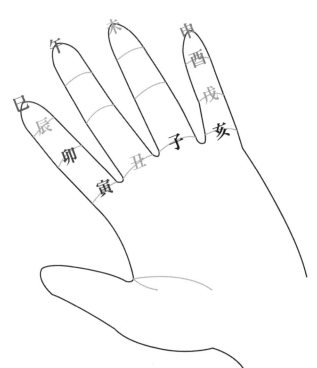

손바닥을 펴고 손가락 마디를 출생한 年, 月, 日, 時의 순서대로 짚어나가면 된다. 당사주는 방법이 간단하면서도 적중률이 높다고 하여 인기가 많은 학설이었다.

당나라 때 만들어졌다고 해서 당사주라고 부르기도 하지만, 누가 창안하였는지는 지금까지 정확한 고증이 없다.

1) 당사주(唐四柱)에 대한 이해

당사주는 무속인과 승려, 역술인은 물론 민간인까지 사주를 보는 방법의 하나로 널리 애용되었다.

현재에는 과학적이고 통계적인 학문으로 보기 미흡한 점이 많아서 잘 사용되지는 않으나 간혹 유용하게 쓰이는 부분도 있다.

당사주는 태어난 年, 月, 日, 時의 기둥에서 4개의 별자리를 뽑아 초년 운, 청년 운, 중년 운, 말년 운으로 구분하여 감명한다.

〈 띠별 12 별자리 〉

띠	12성좌	띠	12성좌	띠	12성좌
子	天貴星	丑	天厄星	寅	天權星
卯	天破星	辰	天奸星	巳	天文星
午	天福星	未	天驛星	申	天孤星
酉	天刃星	戌	天藝星	亥	天壽星

(1) 자천귀(子天貴) - 귀(貴)하다

- 年(초년운) : 귀(貴)하고 사랑받으며 부모의 은덕이 있다.
- 月(청년운) : 자수성가하나 이성 문제가 복잡하다.
- 日(중년운) : 사업이나 장사를 하면 부귀할 수 있다.
- 時(말년운) : 부귀하고 명예를 얻어서 권세를 누린다.

크레온의 사주명리학

(2) 축천액(丑天厄) - 액(厄)이 많이 따른다

- **年(초년운)** : 액(厄)운이 많고 질병과 고통이 따르며 부모 덕이 없다.
- **月(청년운)** : 부부 사이가 좋지 않고 재산을 지키기 어렵다.
- **日(중년운)** : 관재수가 따르고 질병이 많다.
- **時(말년운)** : 질병이 따르고 변고가 많으나 장사나 사업을 하면 면할 수 있다.

(3) 인천권(寅天權) - 권세(權)를 누린다

- **年(초년운)** : 품행이 단정하고 총명하다.
- **月(청년운)** : 일찍 출세하여 따르는 사람이 많다.
- **日(중년운)** : 세력이 확장되어 권세를 누린다.
- **時(말년운)** : 권세(權)와 관직을 얻으니 사람이 따른다.

(4) 묘천파(卯天破) - 풍파(破)가 많이 따른다

- **年(초년운)** : 실패 수가 있고 고난이 있다.
- **月(청년운)** : 인간관계에서 실패가 많고 고난이 거듭된다.
- **日(중년운)** : 외형을 중시하며 풍파(破)가 있고 굴곡이 많다.
- **時(말년운)** : 고생 끝에 말년 운은 평탄하다.

(5) 진천간(辰天奸) - 간교(奸)하다

- **年(초년운)** : 지혜가 넘쳐서 심하면 간교(奸)하다.
- **月(청년운)** : 배우자를 극 하는 살로 사별이나 이별할 운이 있다.
- **日(중년운)** : 처세술이 좋아지니 벼슬길에 오른다.

- **時(말년운)** : 부부인연이 불길하여 해로하기가 어렵다.

(6) 사천문(巳天文) - 문장(文章)에 능하다

- **年(초년운)** : 문장(文章)에 능하고 학문에 열정이 많다.
- **月(청년운)** : 일찍 출세하여 권세를 얻는다.
- **日(중년운)** : 우러러보는 이가 많고 부귀영화를 누린다.
- **時(말년운)** : 관록이 있어서 출세하고 명예가 높아진다.

(7) 오천복(午天福) - 복(福)이 많이 따른다

- **年(초년운)** : 식복(福)이 많고 인덕이 넘친다.
- **月(청년운)** : 식록이 풍족하고 가정과 대인관계가 원만하다.
- **日(중년운)** : 귀인의 도움과 칭찬으로 사업에 성공한다.
- **時(말년운)** : 복록이 많으며 부유하여 안락하다.

(8) 미천역(未天驛) - 떠돌아(驛) 다닌다

- **年(초년운)** : 떠돌아(驛)다니고 불안정하다.
- **月(청년운)** : 움직임이 크고 방랑하며 재산을 탕진한다.
- **日(중년운)** : 집이 답답하니 나가서 활동성이 커지면 재물이 생긴다.
- **時(말년운)** : 장사하면 유리하고 한곳에 오래 머무르지 않는다.

(9) 신천고(申天孤) - 고독(孤)하다

- **年(초년운)** : 일찍 부모를 떠나 타향살이를 한다.

- **月(청년운)** : 군중 속에 고독(孤)하니 외롭고 일신이 고단하다.
- **日(중년운)** : 의지할 곳 없이 떠돌아다니게 된다.
- **時(말년운)** : 고독하고 인덕이 없다.

(10) 유천인(酉天刃) - 액운(殺傷)이 많이 따르다

- **年(초년운)** : 몸에 흉터가 있고 조상과의 인연이 깊다.
- **月(청년운)** : 질병에 시달리고 사고가 겹친다.
- **日(중년운)** : 재물에 손재가 있고 타향이 길하다.
- **時(말년운)** : 종교를 가지거나 조상을 잘 모시면 길하다.

(11) 술천예(戌天藝) - 예술(藝術)에 뛰어나다

- **年(초년운)** : 머리가 좋고 타고난 재능이 다재다능하다.
- **月(청년운)** : 예술(藝術) 분야에 뛰어난 소질이 있다.
- **日(중년운)** : 예술(藝術) 분야로 크게 성공할 기질은 있으나 항상 주위에 걱정이 있다.
- **時(말년운)** : 당사주에서는 길신으로 오랜 고생 끝에 성공을 거둔다.

(12) 해천수(亥天壽) - 수명(壽)이 길다

- **年(초년운)** : 건강하고 고집이 세다.
- **月(청년운)** : 고집으로 풍파를 겪는다.
- **日(중년운)** : 정직하나 부모 운이 약하고 독수공방의 운이 있다.
- **時(말년운)** : 수명은 길지만, 아집이 강하여 고립될 운이 있다.

같은 별자리에 해당하여도 年, 月, 日, 時의 별자리에 따라서 통변이 조금씩 달라지기는 하지만 의미는 서의 비슷하다.

2) 당사주(唐四柱)를 정하는 방법

1970年 陰曆 07月 14日 21時 20分에 출생한 명식을 당사주에 적용하여 보면 아래와 같다.

年	초년운	天藝星
月	청년운	天奸星
日	중년운	天文星
時	말년운	天藝星

(1) **초년운의 별자리** : 1970년에 해당하는 개띠는 술천예이며 초년운은 천예성(天藝星) 별자리에 해당한다.

(2) **청년운의 별자리** : 음력 7월생이니 띠에 해당하는 술천예에서 출발하여 7번째 해당하는 진천간이 청년운에 해당한다.
진천간은 천간성(天奸星) 별자리에 해당한다.

(3) **중년운의 별자리** : 14일생이니 진천간에서 출발하여 14번째 해당하는 사천문이 중년운에 해당한다.
사천문은 천문성(天文星) 별자리에 해당한다.

(4) **말년운의 별자리** : 21時 20分은 戌時이니 술천예가 말년운에 해당하고 술천예는 천예성(天藝星) 별자리에 해당한다.

3) 위의 당사주(唐四柱) 해석

(1) 초년운(술천예) : 타고난 예술(藝術) 분야의 재능을 지니고 있고 다재다능하며 머리가 좋다.

(2) 청년운(진천간) : 항상 겸손해야 하며 배우자를 극 하는 살이 있으니 이별이나 사별할 수 있다.

(3) 중년운(사천문) : 학문에 대한 열정이 많아서 일찍 출세하니 우러러보는 이가 많고 부귀영화를 누린다.

(4) 말년운(술천예) : 타고난 재능을 잘 발휘하여 오랜 세월을 고생 끝에 큰 성공을 거둔다.

당사주의 초년운은 크게 작용이 되지 않는 것으로 보며 말년운이 가장 크게 작용하는 것으로 본다.

배우자를 맞이하는 청년운에 해로하기 어려운 운이 들어있으면 궁합을 볼 때 가장 꺼리지만, 궁합이 좋은 경우이면 중화는 가능하다.

운을 보고 안 좋은 별자리가 들어있으면 개운을 하는 방법을 찾아 주거나 같은 별자리끼리 궁합을 맞추면 액을 면할 수 있다.

당사주에서는 묘천파(卯天破)와 진천간(辰天奸), 유천인(酉天刃)을 가장 나쁘게 해석한다.

5. 육십갑자(六十甲子)와 통변성(通變星)

육십갑자(六十甲子)란 10간(干)과 12지(支)를 순서대로 결합하여 만든 60개의 간지(干支)를 의미하며 육갑(六甲)이라고도 한다.

천간(天干) 오행과 지지(地支)의 계절 환경이 하나로 결합하여 순서대로 운행하는 것을 말한다.

10간(干)에 해당하는 첫 글자 甲과 12지(支)에 해당하는 첫 글자 子가 만나서 짝을 이루면 甲子가 되고 다음에 乙과 丑이 만나서 짝을 이루면 乙丑이 된다.

순서에 따라서 다음의 하나씩 간지가 짝을 이루면 癸亥가 마지막으로 총 60간지가 완성된다.

천간(天干)은 10개로 6번, 지지는 12개로 5번 짝을 이루면 60갑자(六十甲子)가 완성되며 61번째 제일 처음 甲子가 다시 시작됨을 알 수 있다.

처음 태어난 해와 같은 年은 61번째 다시 시작되니 태어난 해가 다시 돌아왔다는 것을 의미하여 이를 환갑(還甲)이라고 한다.

년주(年柱), 월주(月柱), 일주(日柱), 시주(時柱)가 모두 이와 같은 방법으로 정해지며 만물의 길흉을 판단하는 방법으로 쓰인다.

육십갑자를 통해서 인간의 타고난 성격이나 운세는 물론 방위의 선택과 사람의 근본적인 근성까지도 알 수 있다.

해마다 배당하는 육십갑자를 태세(太歲)라고 하고 달에 하나씩 배당하는 것을 월건(月建)이라고 하며 날에 하나씩 배당하는 것을 일진(日辰)이라고 한다.

사주의 주체는 일간(日干)이며 일간을 중심으로 육십갑자(六十甲子)가 해당하는 궁에서 어떻게 작용하는지를 판단하여 통변(通變) 하면 된다.

천간(天干)의 오행이 지지의 계절 기운과 만나서 12운성으로 어떠한 영향을 주는지를 명확하게 판단해야 한다.

지장간(支藏干)에 암장(暗藏)되어 있는 오행도 살펴본 후 판단해야 통변의 명확한 기준이 생긴다.

1) 갑자(甲子)

갑자(甲子)는 60갑자 또는 60간지의 1번째이다.

甲은 오행 중에 木에 해당하고 청색이며, 子는 오행 중에 水에 해당하고 쥐띠를 의미한다.

甲子年은 청색의 쥐띠해에 해당한다.

甲이 12운성의 목욕지(沐浴支)에 해당하는 子를 만나서 냉기가 가득하고 얼어있는 물 위에 큰 나무, 눈 위에 소나무, 엄동설한에 동백나무 등을 의미한다.

냉증이나 중풍, 간담, 방광 등의 질환에 주의해야 한다.

육십갑자의 처음이니 남보다 위에 있으려는 성향이 있고 보수성이 강하며 자기중심적인 고집이 있다.

인성을 깔고 있으니 기본적으로 심성은 반듯하고 지적 수준이 높아서 머리가 좋으며 습득능력이 탁월하다.

계획성이 있는 생활을 선호하며 지도자의 상으로 논리적이고 이성적이며 인정이 많다.

냉정함이 있으니 이해타산은 분명하고 본인 주장이나 생각은 잘 바꾸려 하지 않는다. 곧 성장을 위하여 의욕을 가지는 상태로 간혹 돌출행동이 나타나기도 한다.

귀신이 드나드는 깊은 밤이니 신통력을 지니는 경우가 있으며 스님이나 종교에 귀의하기도 한다.

도화를 깔고 있으니 풍류 기질이 있어서 바람기가 다분하지만, 정인의 도화이니 잘 작용하면 교육 관련업에서 두각을 나타낸다.

배우자와 갈등이 우려되니 부부궁에서 도화의 작용 여부를 잘 살펴보아야 한다.

물장사에 관심을 가지기도 하며 예능에 소질이 있고 심리학과 생명공학 분야에 두각을 나타내기도 한다.

정치, 교육, 언론계, 유흥, 목재, 원예, 간호, 의약, 첨단기술 등과 관련된 직업에 인연이 있다.

2) 을축(乙丑)

을축(乙丑)은 60갑자 또는 60간지의 2번째이다.

乙은 오행 중에 木에 해당하고 청색이며, 丑은 오행 중에 土에 해당하고 소띠를 의미한다.

乙丑年은 청색의 소띠 해에 해당한다.

乙이 12운성의 쇠지(衰支)에 해당하는 丑을 만나서 의욕은 매우 강하나 아직 냉기가 가시지 않았으니 가까운 산 응달에 서 있는 작은 나무, 바위틈의 이끼, 진흙 속에서 핀 연꽃 등을 의미한다.

위가 약하고 화상, 동상 등의 질환에 주의해야 한다.

차가운 자갈밭에 화초이니 척박한 환경에서 살아남으려는 집념과 고집이 대단하고 활동력이 뛰어나며 성실하다.

냉정하고 조용하며 습한 물기만 있어도 살아남을 수 있는 생명력이 있으니 의지와 끈기가 있으며 인내심이 강하다.

편재를 깔고 있으니 사업가 기질이 있고 현실적이며 부의 축적을 잘하고 명예를 중요하게 여긴다.

꽃으로 태어났으니 감정에 예민하여 외로움을 잘 타며 예체능 방면에 재능이 있는 경우가 많다.

사업이나 장사에 소질이 있고 요식업에 종사하기도 하며 부동산, 금융, 재정 등과 관련된 직종으로 진출하면 길하다.

회계, 상담, 군인, 토목, 건축 등과 관련된 직업에 인연이 있다.

3) 병인(丙寅)

병인(丙寅)은 60갑자 또는 60간지의 3번째이다.

丙은 오행 중에 火에 해당하고 적색이며, 寅은 오행 중에 木에 해당하고 범띠를 의미한다.

丙寅年은 적색의 범띠해에 해당한다.

丙이 12운성의 장생지(長生支)에 해당하는 寅을 만났으니 양기가 확산하며 이른 초봄의 동쪽에서 떠오르는 하늘의 태양, 초목을 비추는 해 등을 의미한다.

고혈압, 변비, 기관지, 시력과 관련된 질환과 화상, 신경과민, 정신이상 등의 질환에 주의해야 한다.

나무 위의 태양이니 꺼지지 않는 불이며 정신력이 강하고 의욕이 넘치며 자기주장이 강하다.

보스기질을 가지고 있으며 독창적이고 진취적이다.

직관력이 뛰어나서 머리 회전이 좋으니 번득이는 아이디어가 있다.

사람들이 쳐다보는 태양이니 자신이 남보다 낫다는 우월의식을 가지고 있으며 지나치면 분수를 모르고 일을 저질러 실패가 따르는 경우가 있다.

직언을 잘하고 거짓을 모르니 남의 비밀을 지키기가 어려우며 베풀어도 인덕이 부족하다.

지혜가 출중하고 주관이 강하여 포부는 원대하지만, 허영심과 낭비가 심하다.

홍염살(紅艶殺)이니 인물이 준수하고 사교적이지만, 기분의 변화가 심하고 자기중심적인 면이 있어서 부부싸움을 하면 잘못을 인정하지 않는 아집이 생긴다.

목화통명(木火通明)으로 말로 먹고사는 직업의 교육자나 어학 분야, 문학, 의약계통 등이 길하다.

외교, 무역, 법조인, 군인, 경찰, 유흥, 스포츠 등과 관련된 직업에 인연이 있다.

4) 정묘(丁卯)

정묘(丁卯)는 60갑자 또는 60간지의 4번째이다.

丁은 오행 중에 火에 해당하고 적색이며, 卯는 오행 중에 木에 해당하고 토끼띠를 의미한다.

丁卯年은 적색의 토끼띠해에 해당한다.

丁이 12운성의 병지(病支)에 해당하는 卯를 만나서 기운이 빠지니 실속이 없으며 묘목에 붙은 작은 불. 횃불, 모닥불, 가로등 불, 성냥불 등을 의미한다.

심장의 기운이 약하고 저혈압, 당뇨, 시력 등의 질환을 주의해야 한다.

촛불을 켜놓은 형상이니 직관력이 잘 발달하며 바람에 흔들리는 등불에 비유하여 항상 불안하고 안정을 찾기가 어렵다.

편인을 깔고 있으니 선견지명이 뛰어나고 두뇌가 비상하며 현실적 상황 대처능력이 탁월하다.

지지에 인성을 깔고 있으니 정이 많고 눈치가 빠르며 지혜가 있다. 지적 수준이 높아서 학구열은 높으나 신약하면 결과가 흐지부지하다.

몰입과 집중력이 좋아서 전문성이 있으며 빛은 은근한 매력이 있어서 이성으로부터 인기가 좋고 미인이 많다.

지지가 도화살이니 멋쟁이가 많고 풍류를 즐길 줄 알며 자존심이 강하고 질투가 심해서 변덕이 있다.

간혹 유흥에 빠져서 직업으로 선택하기도 하지만, 대체로 학문에 깊이가 있으니 교육계통이 길하다.

철학, 종교, 침술, 의료, 언론, 예술, 미용 등과 관련된 직업에 인연이 있다.

5) 무진(戊辰)

무진(戊辰)은 60갑자 또는 60간지의 5번째이다.

戊는 오행 중에 土에 해당하고 황색이며, 辰은 오행 중에 土에 해당하고 용띠를 의미한다.

戊辰年은 황색의 용띠해에 해당한다.

戊가 12운성의 관대지(冠帶支)에 해당하는 辰을 만나서 무한히 넓은 땅으로 가까운 들판이나 태산을 의미하니 믿음과 신용이 있다.

위장, 혈압, 중풍, 신경계통 등과 관련된 질환을 주의해야 한다.

완연한 봄이니 비옥한 土로서 나무나 곡식들이 가장 잘 자라는 때이며 辰 중에 癸를 암장하고 있어서 재물 창고까지 들어있으니 재물복이 많다.

백호대살(白虎大殺)이 작용하니 정서적으로 불안정하며 겉으로 보이는 것과 다르게 스스로 만든 걱정으로 내면적 우울 성향을 지니기도 한다.

형제운이 좋지 못한 경우가 많고 매사 고난을 겪으며 강한 인내심으로 결실을 얻게 된다.

근본적으로 성실하고 착한 마음을 지니고 있으며 현실적인 지능이 뛰어나고 포부가 원대하다.

무뚝뚝해 보이는 인상으로 고집이 세지만, 자비심이 있고 이성적이며 중용(中庸) 작용을 잘하니 사람들과 인간관계는 원만하다.

직장생활이 어울리며 토목계통이나 부동산 관련업이 길하다.

무관, 공무원, 기술, 토건, 종교 등과 관련된 직업에 인연이 있다.

6) 기사(己巳)

기사(己巳)는 60갑자 또는 60간지의 6번째이다.

己는 오행 중에 土에 해당하고 황색이며, 巳는 오행 중에 火에 해당하고 뱀띠를 의미한다.

己巳年은 적색의 뱀띠해에 해당한다.

己가 12운성의 제왕지(帝旺支)에 해당하는 巳를 만나서 사하라 사막, 한여름의 바싹

마른 땅 등을 의미한다.

위장, 심장, 혈압, 당뇨, 중풍, 기관지 등과 관련된 질환을 주의해야 하나.

정인을 깔고 있으니 남에게 설명하기를 좋아하고 베풀기도 잘하며 잘 받아들이는 부드러운 성정을 지녔다.

인정은 있으나 이기적인 부분이 있으며 변덕이 있고 재물에 대한 집착이 강하다.

역마이니 활동력이 뛰어나고 감정이 풍부하며 조상의 음덕은 있으나 자칫 고독해질까 두렵다.

지나치게 타인의 이목을 생각하는 성향이 있으니 교육계통 관련 일이 길하다.

간섭을 싫어하며 자신의 주장이 강하고 역마가 있으니 돌아다니는 운전직과 어울린다.

목소리가 청하니 음악계통이나 변호사, 언론, 종교, 무역, 화장품 등과 관련된 직업에 인연이 있다.

7) 경오(庚午)

경오(庚午)는 60갑자 또는 60간지의 7번째이다.

庚은 오행 중에 金에 해당하고 백색이며, 午는 오행 중에 火에 해당하고 말띠를 의미한다.

庚午年은 백색의 말띠해에 해당한다.

庚이 12운성의 목욕지(沐浴支)에 해당하는 午를 만나서 용광로에 녹고 있는 큰 쇳덩어리를 의미하니 근본적으로 자신을 희생하는 정신이 있다,

호흡기, 폐, 기관지 계통이 약하고 대장, 피부, 생리통, 외상 등의 질환을 주의해야 한다.

예의가 바르고 사교적이며 화려함과 풍류를 즐길 줄 안다.

사고는 건전하지만, 학문에는 지구력과 인내심이 부족하다.

건명(乾命)은 왕성한 기운으로 주색에 빠질 수 있으며, 곤명(坤命)은 배우자 복은 있으나 색기가 왕성하여 불길해질까 두렵다.

백마(白馬)이니 자신이 최고라는 생각과 이상은 높다.

정관을 깔고 있어서 정도를 걸으며 단정한 품행으로 공직이나 관직이 유리하고 관리 감독하는 업이 길하다.

행정, 화공, 전기, 경찰, 군인, 소방, 철도, 기술, 요식업 등과 관련된 직업에 인연이 있다.

8) 신미(辛未)

신미(辛未)는 60갑자 또는 60간지의 8번째이다.

辛은 오행 중에 金에 해당하고 백색이며, 未는 오행 중에 土에 해당하고 양띠를 의미한다.

辛未年은 백색의 양띠해에 해당한다.

辛이 쇠지(衰支)에 해당하는 未를 만나서 노련미는 있으나 늦여름의 형상에 해당하니 未가 반갑지만은 않다.

뜨거운 모래밭에 보석을 의미하니 주거환경의 변화가 많다.

위장, 폐, 기관지 등의 질환을 주의해야 한다.

신의가 있고 다정하나 냉정성을 보이는 변덕이 있으며 한번 돌아서면 쉽게 마음을 돌리지 않으며 친하게 지내다가도 단칼에 자른다.

지혜가 있고 눈치가 빨라서 일 처리하는 수완이 있으며 음식솜씨가 뛰어나고 재물에 대한 욕심과 관심이 많다.

편인이 잘 작용하면 머리가 좋고 천재성이 있으며 대처능력이 탁월하다.

사주가 너무 조열하면 쓸모가 없으며 쓸쓸해질까 두렵고, 신앙에 관심은 있으나 지속하기 어려운 단점이 있다.

예술계통이나 연예계가 길하고 교육자, 경찰, 군인, 의술, 침술, 역술, 세탁업, 건축 등과 관련된 직업에 인연이 있다.

9) 임신(壬申)

임신(壬申)은 60갑자 또는 60간지의 9번째이다.

壬은 오행 중에 水에 해당하고 흑색이며, 申은 오행 중에 金에 해당하고 원숭이띠를 의미한다.

壬申年은 백색의 원숭이띠해에 해당한다.

壬이 장생지(長生支)에 해당하는 申을 만나서 백두산 천지와 같은 못물, 펌프질하여 솟아오르는 마르지 않는 샘물 등을 의미한다.

신장, 방광, 생식기, 폐, 대장, 당뇨 등과 관련된 질환에 주의해야 한다.

똑똑하고 통도 크며 환경에 적응하는 능력이 탁월하고 정신력도 강하다. 언변이 뛰어나고 포용력이 좋으며 다방면에 재능이 있고 정리정돈을 잘한다.

학문을 가까이하고 문장이 수려하며 머리 회전이 빠르고 천재성이 있다.

교육계통이 길하고 물과 관련된 요식업에도 인연이 있다.

종교, 유흥, 외교, 관광, 무역, 운수, 의약 등과 관련된 직업에 인연이 있다.

10) 계유(癸酉)

계유(癸酉)는 60갑자 또는 60간지의 10번째이다.

癸는 오행 중에 水에 해당하고 흑색이며, 酉는 오행 중에 金에 해당하고 닭띠를 의미한다.

癸酉年은 흑색의 닭띠해에 해당한다.

癸가 병지(病支)에 해당하는 酉를 만나서 기세가 약해지니 바위 위에 내리는 가을비, 산골 바위에 흐르는 계곡물 등을 의미한다.

신장, 비뇨기, 중풍, 당뇨, 심장, 시력 등과 관련된 질환을 주의해야 한다.

성격이 깔끔하고 지나치게 맑으니 자기 위주의 성향으로 환경에 적응하는 어려움이 있으며 쓸쓸함은 감히 면하기가 어렵다.

크레온의 사주명리학

대체로 미모가 뛰어나며 힘든 일은 꺼릴 수 있고 야망이 크며 배우고 습득한 것은 잘 써먹는 재주가 있다.

정신력이 뛰어나고 남의 일에 간섭을 잘하며 도화로 인하여 이성 문제가 발생할 수 있다.

편인을 깔고 있으니 미용, 예술계통이 길하며 교육, 문학, 설계, 기획, 법조계나 평론계 등과 관련된 직업에 인연이 있다.

11) 갑술(甲戌)

갑술(甲戌)은 60갑자 또는 60간지의 11번째이다.

甲은 오행 중에 木에 해당하고 청색이며, 戌은 오행 중에 土에 해당하고 개띠를 의미한다.

甲戌年은 청색의 개띠해에 해당한다.

甲이 12운성의 양지(養支)에 해당하는 戌을 만나서 甲의 양기 작용은 약해지지만, 발아된 씨앗이 땅에 묻혀 큰 나무로 자라는 희망을 내포하고 있다.

가을 땅 위에 큰 고목 나무를 의미하니 최고라는 자신감과 함께 보스기질을 가지고 있다.

간, 담, 위장, 두통, 인후 등의 질환에 주의해야 한다.

재물을 깔고 있으니 이재에 밝고 수단이 뛰어나서 사업을 번창시켜 부귀를 누리기도 한다.

반면 현재에 만족하지 못하고 확장하려는 기질이 있으며 비현실적인 불로소득을 꿈꾸기도 한다.

타인에게 호감을 주기도 하지만, 공간이 불안하니 자신의 마음에 안 들면 떠나고 조금만 건들어도 흥분을 잘하며 고집이 세다.

천문성을 지녔으며 戌 중에 丁이 있으니 나무 옆에 촛불을 켜 놓은 형상이다.

철학적인 사람이나 종교에 귀의하는 경우가 많으며 그로 인해서 고독하고 쓸쓸해질

까 두렵다.

천문성과 화개살의 작용으로 역학이나 종교와 관련된 직업과 인연이 있고 의학 세통이 길하다.

특히 외과 의사가 좋으며 전문직 종사자나 부동산, 건축, 금융계 등과 관련된 직업에 인연이 있다.

12) 을해(乙亥)

을해(乙亥)는 60갑자 또는 60간지의 12번째이다.

乙은 오행 중에 木에 해당하고 청색이며, 亥는 오행 중에 水에 해당하고 돼지띠를 의미한다.

乙亥年은 청색의 돼지띠해에 해당한다.

乙이 사지(死支)에 해당하는 亥를 만나서 음기가 가득한 겨울의 형상으로 물 위에 핀 연꽃, 뿌리를 내리지 못한 꽃나무 등을 의미한다.

간, 담, 신장, 신경, 냉증, 중풍 등과 관련된 질환을 주의해야 한다.

부목(浮木)이니 정착하기가 어렵고 역마로 인하여 떠돌이 생활을 하는 경우가 많다.

항상 분주하고 활동성이 좋으며 천문성에 해당하는 亥가 인성이니 학문과 풍류를 즐길 줄 안다.

총명하고 다정하며 사람들과 어울릴 줄 아는 사교적 성향으로 타협적이다.

정인을 깔고 있으니 어머니와 같은 성품을 지녔으며 포용력이 좋고 현실적이며 돈이 되는 공부를 하여 재물을 잘 축적하는 기질이 있다.

반면 인성이 과다하면 게으르고 근(根)이 없으니 인내심과 결단성이 부족한 경우가 많다.

학문에 소질이 있으니 직업으로 교육계통이 길하다.

번역, 철학, 역사, 관광, 통역, 법조계, 의학, 물, 요식업, 무역 등과 관련된 직업에 인연이 있다.

13) 병자(丙子)

병자(丙子)는 60갑자 또는 60간지의 13번째이다.

丙은 오행 중에 火에 해당하고 적색이며, 子는 오행 중에 水에 해당하고 쥐띠를 의미한다.

丙子年은 적색의 쥐띠해에 해당한다.

丙이 12운성의 태지(胎支)에 해당하는 子를 만났으니 기운이 미약하며 물 위에 비치는 태양, 호숫가에 비친 달빛 등을 의미한다.

심장, 시력, 혈압, 자궁, 신장, 방광 등과 관련된 질환을 주의해야 한다.

子月에 어둠을 밝게 비추는 빛이니 사람들로부터 인기가 좋고 밝은 성격으로 대인관계에서도 반듯하게 행동하려고 한다.

근본이 착하고 총명하며 외모도 아름답고 활발하며 건전한 사고력을 지녔다.

지지가 정관이니 합리적인 표현과 이성적인 판단을 한다.

하지만 끈기가 부족하여 도중에 포기하는 경우가 많고 속으로 근심 걱정을 지닌다.

자존심이 강하고 고집이 있으니 사업보다는 정관의 작용으로 반듯한 공직이나 교육계통이 길하다.

무역, 공직, 경찰, 전기, 세무 등과 관련된 직업에 인연이 있다.

14) 정축(丁丑)

정축(丁丑)은 60갑자 또는 60간지의 14번째이다.

丁은 오행 중에 火에 해당하고 적색이며, 丑은 오행 중에 土에 해당하고 소띠를 의미한다.

丁丑年은 적색의 소띠해에 해당한다.

丁이 12운성의 묘지(墓支)에 해당하는 丑을 만나서 축축한 땅 위의 작은 불을 의미하니 기세가 약해지는 상태로 열기는 빠지며 때를 기다리는 상황이다.

심장, 중풍, 대장, 빈혈, 사고, 신경 등과 관련된 질환을 주의해야 한다.

식신을 깔고 있으니 표현력이 좋고 예술적인 재능이 발달하며 말을 잘하고 미적 감각과 요리 솜씨가 있다.

반면 자존심이 강하고 질투가 있으며 재물에 대한 욕심이 많다.

사리가 분명하지만, 냉정하고 무서운 집념을 숨기고 있으며 화가 나면 앞뒤를 가리지 않는 불의 성정을 드러내기도 한다.

백호대살(白虎大殺)이 작용하니 상해를 주의해야 하며 신약하면 신경쇠약으로 우울 성향을 지니기도 한다.

철학에도 깊은 관심이 있으며 종교와 관련된 일이 길하다.

부동산, 군인, 식품, 금융, 보안, 건설 감독, 정육 등과 관련된 직업에 인연이 있다.

15) 무인(戊寅)

무인(戊寅)은 60갑자 또는 60간지의 15번째이다.

戊는 오행 중에 土에 해당하고 황색이며, 寅은 오행 중에 木에 해당하고 범띠를 의미한다.

戊寅年은 황색의 범띠해에 해당한다.

戊가 장생지(長生支)에 해당하는 寅을 만나서 이른 봄의 큰 들녘, 큰 산속의 나무 등과 같은 형상이다.

寅의 양기로 戊가 꿈을 펼치기 어려우니 현실적으로 만족하지 못하는 부분이 있다.

비위, 간, 담, 중풍, 신경, 신장 등과 관련된 질환을 주의해야 한다.

산 위에 나무이니 남보다 위에 있으려는 성질과 강한 책임감을 지니며 야망이 크다.

명예욕이 강하고 활동적이며 보스기질이 있어서 리더나 정치인들이 많다.

독단적이고 일방적 성향으로 고립될 수 있고 담력은 있으나 쉽게 지치는 부분이 있으니 때에 따라서 소심해지기도 한다.

자신의 약점을 노출하지 않으며 불교를 믿는 사람이 많고 사업가 기질보다는 학문에 두각을 나타내기도 한다.

변동이 잦아서 해외 출타가 많은 일이 어울리고 법조계나 교육계통이 길하다.

무역, 부동산, 건축, 유흥, 운전 등과 관련된 직업에 인연이 있다.

16) 기묘(己卯)

기묘(己卯)는 60갑자 또는 60간지의 16번째이다.

근는 오행 중에 土에 해당하고 황색이며, 卯는 오행 중에 木에 해당하고 토끼띠를 의미한다.

己卯年은 황색의 토끼띠해에 해당한다.

근가 12운성의 병지(病支)에 해당하는 卯를 만나서 양기를 상승시키는 봄기운이니 작은 땅의 의미로 밭에 묘목이 올라오는 형상이다.

편관을 깔고 있으니 강제적으로 받아들여야 하는 부분이 있어서 남달리 예민한 부분이 있다.

비위, 간, 소화기 계통 등과 관련된 질환을 주의해야 한다.

일에 대한 냉철함이 있고 문장력이 뛰어나지만, 타인과 융화되기 어려운 면이 있다.

속을 내비치지 않는 성향으로 명예욕이 남다르다.

성실하고 활발해 보이는 이면에 우울 성향이 있고 일관성이 부족하며 인내심과 지구력이 약하다.

기묘 일주는 격(格)에 따라서 호불호가 있으며 약한듯하지만 끈질긴 근성의 면도 지니고 있다.

배우자 궁이 불길하여 한때 풍파를 겪으며 결혼을 여러 번 하는 경우가 있다.

사업보다는 공직이 길하고 군인, 의술, 교육, 법조계, 종교, 교사 등과 관련된 직업에 인연이 있다.

17) 경진(庚辰)

경진(庚辰)은 60갑자 또는 60간지의 17번째이다.

庚은 오행 중에 金에 해당하고 백색이며, 辰은 오행 중에 土에 해당하고 용띠를 의미한다.

庚辰年은 백색의 용띠해에 해당한다.

庚이 12운성의 양지(養支)에 해당하는 辰을 만나서 땅에 굴러다니는 탱크와 같은 의미로 강하고 적극적이다.

폐, 대장, 중풍 등과 관련된 질환을 주의해야 한다.

대장부 기질이 있고 신의가 있으며 포부가 크고 통솔력이 좋아서 매사 일 처리가 뛰어나다.

총명하여 눈치가 있고 자신감이 있으며 현명하고 배려심이 깊다.

재물복은 있는 편으로 신앙심도 깊지만, 자기주장이 강하고 지지 않으려는 모습을 보일 때가 많다.

배우자와 정은 있으나 곤명(坤命)은 오히려 박복한 경우가 많다.

자신의 감정절제를 잘하고 다수를 위한 희생정신은 있지만, 욕망과 권세욕이 있어서 자칫 고독해질 수 있다.

괴강살(魁罡殺)이 작용하니 총명하고 용모가 아름다운 경우가 많다. 잘 작용하면 출세가 빠르지만, 고집이 세고 잘난 척을 잘하는 단점도 내포하고 있다.

정치에 관심이 있으며 군인이나 경찰과 같은 업종이 길하다.

공업 기술, 미용, 의약, 기술, 철학 등과 관련된 직업에 인연이 있다.

18) 신사(辛巳)

신사(辛巳)는 60갑자 또는 60간지의 18번째이다.

辛은 오행 중에 金에 해당하고 백색이며, 巳는 오행 중에 火에 해당하고 뱀띠를 의미한다.

辛巳年은 백색의 뱀띠해에 해당한다.

辛이 12운성의 사지(死支)에 해당하는 巳를 만나서 기운이 완화되며 조명을 받는 다이아몬드, 불 위에 타고 있는 금의 형상이다.

담력은 강하나 냉정한 면이 있고 품위가 있어 보이지만 속은 다를 수 있다.

폐, 기관지, 빈혈, 치아 등과 관련된 질환을 주의해야 한다.

정관을 깔고 있으니 반듯하고 다정하지만 속으로 의심이 많고 감춤이 있다.

겁이 없는 반면 여린 면이 있으며 항상 분주하고 이동수가 많다.

이성의 유혹에 빠지기 쉽고 방랑기가 있으며 신약하면 몹시 까다롭고 예민한 성향을 지닌다.

공직에 어울리며 기술계통이 가장 적합하다.

외교, 항공, 의사, 법조계, 보석, 컴퓨터, 안경, 사진, 승무원 등과 관련된 직업에 인연이 있다.

19) 임오(壬午)

임오(壬午)는 60갑자 또는 60간지의 19번째이다.

壬은 오행 중에 水에 해당하고 흑색이며, 午는 오행 중에 火에 해당하고 말띠를 의미한다.

壬午年은 흑색의 말띠해에 해당한다.

壬이 태지(胎支)에 해당하는 午를 만나니 역량을 크게 발휘하기 어려우며 물에 비친 불빛이나 불 위에서 끓고 있는 온천물과 같은 형상이다.

신장, 방광, 요실금, 치질 등과 관련된 질환을 주의해야 한다.

사람은 좋고 다정하며 암합을 하고 있으니 애교가 있고 미모가 뛰어나다.

정이 많고 매사 변덕을 잘 부리며 호색 기질이 나타날까 두렵다.

재물과 암합을 하니 재물복은 있으며 지혜가 있고 사교적이다.

사회 활동은 적극적으로 잘하는 편이며 분주함 가운데 안정감을 추구한다.

대체로 배우자 운이 좋은 편이지만, 도화와 암합을 하니 팔자에 배우자가 혼잡한지를 잘 살펴보아야 한다.

공직이 길하며 형사, 종교, 금융, 재정, 전기, 요식, 유흥, 온천, 화장품 등과 관련된 업종에 인연이 있다.

20) 계미(癸未)

계미(癸未)는 60갑자 또는 60간지의 20번째이다.

癸는 오행 중에 水에 해당하고 흑색이며, 未는 오행 중에 土에 해당하고 양띠를 의미한다.

癸未年은 흑색의 양띠해에 해당한다.

癸가 12운성의 묘지(墓支)에 해당하는 未를 만나서 마른 땅에 내리는 여름의 비를 의미한다.

신장, 방광, 생식기, 당뇨, 위장장애 등과 관련된 질환을 주의해야 한다.

처세술이 좋으며 사회적응력이 강하고 자기가 최고라는 생각으로 출세욕과 야망이 크며 식록(食祿)이 풍족하다.

매사에 적극적으로 생활하는 반면 칠살(七殺)의 작용으로 주저하는 경우가 많다.

독점력이 강하여 자칫 고독해지거나 남녀 모두 한 사람과 해로하기가 어려우며 언쟁과 구설이 항상 뒤따른다.

종교에 관심이 많고 무속인, 유흥, 건축, 부동산, 재정 예술, 연예계, 법조계 등과 관련된 업종에 인연이 있다.

21) 갑신(甲申)

갑신(甲申)은 60갑자 또는 60간지의 21번째이다.

甲은 오행 중에 木에 해당하고 청색이며, 申은 오행 중에 金에 해당하고 원숭이띠를 의미한다.

甲申年은 청색의 원숭이띠해에 해당한다.

甲이 12운성의 절지(絶支)에 해당하는 申을 만나서 수렴하고 응축하려는 기운에 부딪혀서 현실적인 활동이 떨어진다.

성장이 지체되는 것을 의미하여 바위틈에서 자라는 큰 나무, 소나무의 형상으로 뿌리를 내릴 곳이 없으니 하체가 부실하고 허리가 약하다.

간, 담, 대장, 두통, 신경, 하체 등과 관련된 질환을 주의해야 한다.

육십갑자 중에 가장 머리가 좋고 재주가 많다.

실패 수가 많고 허영심이 강하여 한 가지 일에 꾸준히 임하지 못하는 경우가 있다.

편관을 깔고 있으니 절지 위에 서 있는 나무로 이유 없는 두통이 생기거나 좌불안석 (坐不安席)이 되기 쉽다.

항상 불안하고 속전속결의 성향이 있으며 밖으로 돌아다니는 경우가 많지만, 생활력은 뛰어나다.

봉사와 희생정신이 뛰어나니 인내심만 키운다면 한 분야의 전문가로 성공할 수 있다.

조직과 단체에서 능력을 발휘하며 역마살의 작용으로 외교, 운수업이 길하다.

쇠, 군인, 경찰, 교육자, 의약계통 등과 관련된 업종에 인연이 있다.

22) 을유(乙酉)

을유(乙酉)는 60갑자 또는 60간지의 22번째이다.

乙은 오행 중에 木에 해당하고 적색이며, 酉는 오행 중에 金에 해당하고 닭띠를 의미한다.

乙酉年은 적색의 닭띠해에 해당한다.

乙이 12운성의 절지(絶支)에 해당하는 酉를 만나서 분재 나무, 자갈밭의 핀 꽃, 바위틈에 자라는 화초 등을 의미한다.

하체가 부실하고 항상 질병에 시달릴 수 있으며 간, 담, 두통, 신경, 관절, 치아 등과 관련된 질환을 주의해야 한다.

재주는 많고 재치가 있으며 인정스럽지만, 칼을 찬 형상이니 권위적이고 정서가 불안정하여 냉혹한 부분이 있다.

곤명(坤命)은 미모는 있으나 배우자와 무정하고 언행이 다르며 색정을 탐하는 면이 있다.

가산을 탕진하거나 몸에 흉터를 지니기도 한다.

신강하면 관을 잘 다스려서 의리가 있고 한번 결심하면 매진하여 성공을 이룰 수 있다.

사업이나 장사는 어울리지 않으며 군인, 경찰 등과 같은 칼을 쓰는 직업이 길하다.

공직, 의료, 연구원, 인테리어, 조경, 원예, 의약, 요리, 재단, 간호, 미용, 금세공 등과 관련된 업종에 인연이 있다.

23) 병술(丙戌)

병술(丙戌)은 60갑자 또는 60간지의 23번째이다.

丙은 오행 중에 火에 해당하고 적색이며, 戌은 오행 중에 土에 해당하고 개띠를 의미한다.

丙戌年은 적색의 개띠해에 해당한다.

丙이 12운성의 묘지(墓支)에 해당하는 戌을 만났으니 기세가 꺾이고 서산에 지는 태양의 형상이다.

심리적으로 항상 분주하여 모든 일을 빨리 처리하려는 성향이 있으며 그로 인해서 감정의 기복이 심하다.

심장, 소장, 혈압, 중풍, 당뇨, 시력, 자궁, 유산, 조울증 등과 관련된 질환을 주의해야 한다.

인정이 많고 도량은 넓으나 실속 없이 과장이 심하여 사기성이 보이기도 하며 독단적 성향을 드러내기도 한다.

태양의 밝은 성향과 그 이면에 어두운 부분으로 인한 성격의 기복이 있으며 활발하고 언변이 좋아서 풍류를 즐기기도 한다.

백호대살(白虎大殺)의 작용으로 배우자 운을 잘 살펴보아야 하며 고독해지기 쉽다.

건명(乾命)은 이성 문제가 발생하기 쉽고, 곤명(坤命)은 자식 문제로 고민이 발생하기 쉽다.

천문성이 있으니 지혜가 있고 총명하여 법조계, 연구원, 의학 계통이나 종교와 관련된 직업이 길하다.

철학, 예술, 미용, 의류, 간호 등과 관련된 업종에 인연이 있다.

24) 정해(丁亥)

정해(丁亥)는 60갑자 또는 60간지의 24번째이다.

丁은 오행 중에 火에 해당하고 적색이며, 亥는 오행 중에 水에 해당하고 돼지띠를 의미한다.

丁亥年은 적색의 돼지띠해에 해당한다.

丁이 12운성의 태지(胎支)에 해당하는 亥를 만나서 바다 위의 등불, 등댓불 등을 의미한다.

불의 기운은 미약하지만, 기본심성은 밝고 온화하고 착하다.

시력, 심장, 당뇨, 방광, 생식기 등과 관련된 질환을 주의해야 한다.

역마로 인하여 분주하게 객지 생활을 하지만, 꾸준함이 부족하고 변덕이 심하여 싫증을 빨리 느낀다.

항상 근심이 있고 비밀이 많으며 독선적인 성향으로 인한 실패 수가 있다.

곤명(坤命)은 천을귀인(天乙貴人)에 해당하는 정관이니 관직을 가진 배우자로 복이 있다.

대체로 성품이 선하고 미인이 많지만, 질투심이 강하다.

천간에 정관을 동주하면 암합의 작용으로 음란지합(淫亂之合)이 현실로 나타나기도 한다.

천문성의 정관을 깔고 있으니 명석한 두뇌를 가시며 시혜가 있고 직관력이 발달하여 종교와 깊은 인연이 있다.

사업보다는 관직이 길하며 교육, 행정, 외교, 관광, 수산업, 법조계, 여행, 해운, 철학, 술장사 등과 관련된 업종에 인연이 있다.

25) 무자(戊子)

무자(戊子)는 60갑자 또는 60간지의 25번째이다.

戊는 오행 중에 土에 해당하고 황색이며, 子는 오행 중에 水에 해당하고 쥐띠를 의미한다.

戊子年은 황색의 쥐띠해에 해당한다.

戊가 12운성의 태지(胎支)에 해당하는 子를 만나서 음기가 가득하니 눈 내린 겨울 땅, 추운 산, 추운 바다 등의 의미로 곤경이 따르는 형상이다.

항상 냉각되어 있어서 여성의 경우 난임이 될 수 있으며 신장, 방광, 비뇨기 계통, 비위, 요통 등과 관련된 질환을 주의해야 한다.

산속에 흐르는 계곡물의 형상이니 은근히 재물복이 있고 모양이 아름다워서 미모를 겸비한 경우가 많다.

총명하고 안정감이 있으며 꼼꼼한 편이나 보수적이고 느리다.

정재와 합을 하니 재물에 대한 관심이 많고 알뜰하고 검소하여 함부로 돈을 쓰지 않는다.

심성은 착하고 매사에 집중은 잘하지만, 마무리가 부족하고 고정관념에서 잘 벗어나지 않으며 계획적으로 움직이는 생활을 추구한다.

자식궁에 근심이 생기고 육친의 덕이 부족한 경우가 많다.

중용(中庸) 작용을 잘하는 성격으로 공무원이나 회사원 등 월급쟁이가 길하다.

금융, 재정, 사무, 무역, 의사, 토건, 종교, 역술 등과 관련된 업종에 인연이 있다.

26) 기축(己丑)

기축(己丑)은 60갑자 또는 60간지의 26번째이다.

己는 오행 중에 土에 해당하고 황색이며, 丑은 오행 중에 土에 해당하고 소띠를 의미한다.

己丑年은 황색의 소띠해에 해당한다.

己가 12운성의 묘지(墓支)에 해당하는 丑을 만나서 음기의 기세로 약해지며 얼어붙은 겨울 땅이니 동토(凍土)를 의미한다.

위장, 자궁, 냉증, 중풍, 비위, 혈액순환 등과 관련된 질환을 주의해야 한다.

탕화살(湯火殺)의 하나이니 화상에 조심해야 한다.

인정이 많아서 주고 싶은 마음은 있으나 사람들과 쉽게 친해지기가 어렵고 자존심이 강하다.

남의 말을 듣지 않는 고집이 있고 아둔한 면이 있으며 지나친 음기로 인해서 의심이 많다.

재물복이 있고 신앙심은 깊지만, 배우자 복은 약하다.

발복은 더디지만, 근면하고 성실하여 중년 이후 가세를 이룰 수 있다.

교육계통이 길하며 개인사업이나 의약, 종교, 철학, 예능, 건축, 은행, 부동산 등과 관련된 업종에 인연이 있다.

27) 경인(庚寅)

경인(庚寅)은 60갑자 또는 60간지의 27번째이다.

庚은 오행 중에 金에 해당하고 백색이며, 寅은 오행 중에 木에 해당하고 범띠를 의미한다.

庚寅年은 백색의 범띠해에 해당한다.

庚이 12운성의 절지(絶支)에 해당하는 寅을 만나서 바퀴가 고장 난 탱크, 쇳덩어리 등을 의미하니 변화가 많고 사고 수가 따른다.

대장, 맹장, 치아, 화상, 디스크, 하체 등과 관련된 질환을 주의해야 한다.

집착과 투쟁 정신이 대단하며 임기응변에 강하고 현실 대처능력이 탁월하다. 활동력이 강하고 출세욕이 있으며 매사 큰일을 도모하며 타향객지에서 생활하게 된다.

편재를 깔고 있어서 간혹 위험한 사업이나 투기 기질이 나타나기도 한다. 처세술이 좋고 이재에 밝으나 신용을 지키지 못하는 경우가 발생할 수 있다

역마의 편재이니 화통하고 사람들과 어울리는 것을 좋아하며 외교나 무역에도 능하다.

지혜가 밝아서 교육자도 가능하며 출세의 길성을 가지고 있다.

금융, 재정, 법조계, 항공, 관광, 섬유, 인쇄, 철 등과 관련된 업종에 인연이 있다.

28) 신묘(辛卯)

신묘(辛卯)는 60갑자 또는 60간지의 28번째이다.

辛은 오행 중에 金에 해당하고 백색이며, 卯는 오행 중에 木에 해당하고 토끼띠를 의미한다.

辛卯年은 백색의 토끼띠해에 해당한다.

辛이 12운성의 절지(絶支)에 해당하는 卯을 만나서 역량을 발휘하기 어려우며 흰 토끼, 나무 위에 칼 등을 의미한다.

절지 위에 있으니 대체로 하체가 부실하고 폐, 기관지, 호흡기, 간, 척추 등과 관련된 질환을 주의해야 한다.

가을과 봄의 기운이 공존하니 변화가 많고 사고수도 조심해야 한다.

60갑자 중에서 가장 이재에 밝은 일주이며 통찰력이 있고 판단력이 신중하여 전체를 볼 줄 안다.

밝은 성격으로 지혜가 많고 학문이 뛰어나지만, 의심이 많고 소심하며 침착성이 부족하여 학문이 중단되는 경우가 많다.

현침살(懸針殺)이 가장 강하게 작용하여 심신의 고통이 생기고 유혹에 빠지는 경우

가 있으며 부부 이별 수가 두렵다.

봉사 정신이 강하고 현침(懸針)의 작용으로 한의사, 의사, 재단, 미용 등의 직업이 길하다.

컴퓨터, 기계정비 관련, 치과, 간호, 의상 등과 관련된 업종에 인연이 있다.

29) 임진(壬辰)

임진(壬辰)은 60갑자 또는 60간지의 29번째이다.

壬은 오행 중에 水에 해당하고 흑색이며, 辰은 오행 중에 土에 해당하고 용띠를 의미한다.

壬辰年은 흑색의 용띠해에 해당한다.

壬이 12운성의 묘지(墓支)에 해당하는 辰을 만나서 용이 물을 만난 형상이지만, 시퍼런 이끼가 낀 물의 의미가 있으니 다소 격이 떨어지는 경우가 있다.

신장, 방광, 위, 간, 비뇨기 계통, 중풍 등과 관련된 질환을 주의해야 한다.

자립심이 강하고 결단력이 좋으며 노련미가 있으니 도량이 넓고 포부가 크다.

재주가 넘치지만, 지구력이 약하고 갈등이 많아서 일관성이 부족하다.

승부 욕이 강하고 말로 남에게 상처를 주는 경우가 있으며 마음이 앞서니 실속이 없고 불안정하기 쉽다.

괴강살(魁罡殺)의 작용으로 흉과 길의 극단적인 부분을 잘 살펴보아야 한다.

곤명(坤命)은 자기주장이 강하여 한 사람과 해로하기 어렵다.

교수, 군인, 경찰, 의학 계통, 역술, 종교, 숙박업 등과 관련된 업종에 인연이 있다.

30) 계사(癸巳)

계사(癸巳)는 60갑자 또는 60간지의 30번째이다.

癸는 오행 중에 水에 해당하고 흑색이며, 巳는 오행 중에 火에 해당하고 뱀띠를 의미한다.

癸巳年은 흑색의 뱀띠해에 해당한다.

癸가 12운성의 태지(胎支)에 해당하는 巳를 만나서 기상이 약해지는 형상이지만, 초여름에 하늘에서 내리는 단비를 뜻하니 소임이 있다.

신장, 방광, 폐, 기관지, 비뇨기 계통, 뇌출혈 등과 관련된 질환을 주의해야 한다.

성정이 부드럽고 느긋하며 분위기를 잘 파악하니 지혜와 이해심이 깊다.

근본이 착하고 규칙과 예절을 잘 지키며 총명하고 인품이 좋다.

타인에 대한 배려심이 좋으며 식록(食祿)이 풍부하고 인덕도 많다.

조열하면 보수적인 성향이 강하고 조급하며 인색한 면이 있고 변덕이 심하다.

일찍 고향을 떠나서 활동하고 권력에 대한 욕망은 있으나 일이나 재물에 대한 전투력은 다소 약하다.

물이 흐르면 재물에 대한 욕심이 생기고 적극적으로 바뀔 수 있다.

무역, 유통과 관련된 직업이 길하고 사법계, 의사, 재정, 경제, 교육, 유흥, 숙박업 등과 관련된 업종에 인연이 있다.

31) 갑오(甲午)

갑오(甲午)는 60갑자 또는 60간지의 31번째이다.

甲은 오행 중에 木에 해당하고 청색이며, 午는 오행 중에 火에 해당하고 말띠를 의미한다.

甲午年은 청색의 말띠해에 해당한다.

甲이 양기로 가득한 여름 환경의 午를 만나서 이상은 높고 양기가 확산하지만, 12운성의 사지(養支)에 해당하는 午의 기에 눌려 甲은 역량을 펼치기가 어려운 형상이다.

불이 붙은 큰 나무나 횃불을 의미하여 발산하는 기질의 큰 나무이지만, 건조하고 메마르다.

간, 담, 비위, 심장, 신경쇠약, 시력 등과 관련된 질환을 주의해야 한다.

변화를 두려워하지 않으며 나를 태워 어둠을 밝히니 근본적으로 희생과 봉사 정신은 있으나 베풀고도 흉이 되는 경우가 많다.

나무에 불이 붙었으니 상관의 기운이 표출되어 자신의 재능을 과시하고 남을 무시하는 성향을 드러내어 호불호가 강하게 드러나기도 한다.

언변이 뛰어나고 적응력이 빠르며 영리하고 수단이 좋다.

불에 타는 모습이니 불안하고 급하며 기복이 반복되는 경우가 많고 우울한 성향을 잠재하고 있다.

폭발성을 띠기도 하고 적극적인 성향에 비해서 지구력과 담력은 약하며 인색한 면이 있다.

도화와 유사한 홍염살(紅艶殺)의 작용으로 친화적이며 사람들과 잘 어울린다.

이성에게는 매력이 있고 감각이 남달라서 예술가적 성향이 발달한다.

상관성으로 기술과 손재주가 있으며 통역, 예술, 의학, 섬유, 교육, 요식업 등과 관련된 업종과 인연이 있다.

32) 을미(乙未)

을미(乙未)는 60갑자 또는 60간지의 32번째이다.

乙은 오행 중에 木에 해당하고 청색이며, 未는 오행 중에 土에 해당하고 양띠를 의미한다.

乙未年은 청색의 양띠해에 해당한다.

乙이 12운성의 양지(養支)에 해당하는 未를 만나서 木의 기운이 절정에 달하니 더운 여름날 마른 땅에 핀 꽃을 의미한다.

활발한 성향으로 적극적이지만 전투력은 약하며 간, 담, 신경성 위염, 인후병 등과 관련된 질환을 주의해야 한다.

인정이 많고 환경 적응력이 탁월하며 긍정적이고 진취적인 사고력을 지녔다.

명석한 부분이 있지만, 남의 조언을 잘 받아들이지 않는다.

편재에 해당하는 재물을 깔고 있으나 마른 땅이니 너무 큰 재물은 아니며 자수성가를 의미한다.

재물에 대한 집착이 강력하지만, 재물을 가짐에 있어서 파란을 겪어야만 지닐 수 있다.

건명(乾命)은 해로하기 힘든 명이니 처의 문제를 잘 살펴보아야 하며 작은 병고가 많이 따르고 영감이 있는 경우가 많다.

두뇌가 명석하고 예술계통에 소질이 있으며 증권이나 주식에 역량을 발휘하기도 한다.

백호대살(白虎大殺)의 작용으로 외과 의사가 길하다.

종교, 교육, 재정, 컴퓨터, 전자, 정보통신, 스포츠, 자영업 등과 관련된 업종에 인연이 있다.

33) 병신(丙申)

병신(丙申)은 60갑자 또는 60간지의 33번째이다.

丙은 오행 중에 火에 해당하고 적색이며, 申은 오행 중에 金에 해당하고 원숭이띠를 의미한다.

丙申年은 적색의 원숭이띠해에 해당한다.

丙은 12운성의 병지(病支)에 해당하는 申을 만나서 기세가 꺾이고 서산에 태양이 노을 지는 형상이다.

마음이 항상 분주하고 성취 욕구는 높으나 추진력은 떨어진다.

폐, 대장, 소장, 관절, 불면증 등과 관련된 질환을 주의해야 한다.

재물을 깔고 있으니 이재에 밝고 다재다능하며 지혜롭고 출세가 남보다 빠르다.

역마의 편재로 굉장히 활동적이고 화통하며 돌아다니는 일에 적합하다.

총명하여 학문이 뛰어나고 명예욕과 출세욕은 강하지만, 정치적 성향이 있고 재능이 다재다능하여 오히려 집중력이 떨어지니 꿈을 달성하기에 어려움이 있다.

사람들과 잘 어울리고 바람기가 다분하며 호화롭고 화려한 것을 좋아하고 과시욕이 있다. 정해진 틀이나 규칙을 잘 바꾸지 않으려고 하며 사주가 편중되면 우울 성향이 나타나니 주의해야 한다.

메마른 가을에 바위산 위의 태양으로 고독하고 예지력이 발달하여 정신적으로 수행을 하거나 종교에 귀의하기도 한다.

교육자가 길하고 역마살이니 해외와 연관이 있는 무역, 운수, 관광, 외환은행 등의 직업이 어울린다.

의약, 개인사업, 쇠, 문인, 연구소 등과 관련된 업종에 인연이 있다.

34) 정유(丁酉)

정유(丁酉)는 60갑자 또는 60간지의 34번째이다.

丁은 오행 중에 火에 해당하고 적색이며, 酉는 오행 중에 金에 해당하고 닭띠를 의미한다.

丁酉年은 적색의 닭띠해에 해당한다.

丁이 12운성의 장생지(長生支)에 해당하는 酉를 만나서 화로에 잘 담긴 작은 불, 방안의 난로, 어둠을 밝히는 불 등을 의미한다.

마음이 선하고 정이 많으며 심장, 소장, 간, 인후, 시력 등과 관련된 질환을 주의해야 한다.

총명하여 학문과 문장이 뛰어나며 미적 감각과 미모가 있고 기술적인 분야에도 재주가 남다르다.

용모가 단정하고 간사함은 없는 반면 까다롭고 자기주장이 강하다.

일귀격(日貴格)으로 금전복이 많고 어려움이 생겨도 주위에 도움이 따르며 부모덕이 있다.

등불과 같으니 남에게 덕을 베풀고 봉사해야 하며 그렇지않으면 몸에 흉터나 수술자국을 지닐 수 있다.

교육자로 진로를 정하면 길하고 치과의사, 보석세공, 패션, 정보, 미용, 금융, 패션, 금속, 교육, 회계 등과 관련된 업종에 인연이 있다.

35) 무술(戊戌)

무술(戊戌)은 60갑자 또는 60간지의 35번째이다.

戊는 오행 중에 土에 해당하고 황색이며, 戌은 오행 중에 土에 해당하고 개띠를 의미한다.

戊戌年은 황색의 개띠해에 해당한다.

戊가 12운성의 묘지(墓支)에 해당하는 戌을 만나서 양기의 수렴을 마무리하는 외로운 섬이나 높고 큰 산의 형상이다.

위장, 대장, 천식, 혈압, 골절, 신경마비 등과 관련된 질환을 주의해야 한다.

신의가 있고 신망이 두터우며 근면하고 책임의식이 분명하다.

괴강살(魁罡殺)의 작용으로 대단한 주체성과 고집이 있고 문장력이 좋으며 권세를 지향하는 속성이 강하다.

봉사 정신이 강하며 의외로 순한 면이 있지만, 화가 나면 무서운 사람으로 바뀌기도 한다.

겉으로는 예의가 바르나 속으로는 자존심이 너무 세니 사람들과 어울리는 것에 어려움이 있다.

지혜가 비상하고 재주는 많으나 부모의 덕이 부족하고 부부인연이 박하며 가정보다 종교에 집중하는 경향이 있다.

몸에 흉터를 지니게 되니 군인, 경찰과 같은 직업에 종사하면 면할 수 있다.

공직, 의사, 건축, 무도인, 운동선수 등과 관련된 업종에 인연이 있다.

36) 기해(己亥)

기해(己亥)는 60갑자 또는 60간지의 36번째이다.

己는 오행 중에 土에 해당하고 황색이며, 亥는 오행 중에 水에 해당하고 돼지띠를 의미한다.

己亥年은 황색의 돼지띠해에 해당한다.

己가 12운성의 태지(胎支)에 해당하는 亥를 만나서 물이 넘쳐나는 작은 땅의 형상이니 떠내려갈까 염려스러워 항상 불안하고 분주하다.

비위가 약하고 머리가 자주 아프기도 하며 신경 장애, 시력, 심장, 생식기 등과 관련된 질환을 주의해야 한다.

건전한 사고력을 지니며 두뇌가 총명하고 품행이 단정하다.

정재를 깔고 있으니 현실적 이재에 아주 밝고 투자성을 지니고 있다.

사업가 기질을 가지고 있으나 신약하면 작은 가게가 어울린다.

천문성의 작용으로 종교나 꿈이 잘 맞는 경우가 많으며 겉은 밝아 보이나 내면에 우울 성향을 지니기도 한다.

타협적이고 환경 적응력은 좋으나 기회주의적 성향이 있어서 비굴해질 수 있다.

겉과 속이 다른 면이 있으며 의외로 소심하여 주저하고 걱정하다가 기회를 놓치는 경우가 많다.

객지 생활을 하지 않으면 역마살의 작용으로 분주히 돌아다니는 직업을 얻게 되고 외식을 즐기는 편이다.

신강하면 길명(吉命)이며 무역업, 외교, 재정, 관직, 의사 등에 관련된 직업이 길하다.

운수, 수산, 식품, 유흥 등과 관련된 업종에 인연이 있다.

37) 경자(庚子)

경자(庚子)는 60갑자 또는 60간지의 37번째이다.

庚은 오행 중에 金에 해당하고 백색이며, 子는 오행 중에 水에 해당하고 쥐띠를 의미한다.

庚子年은 백색의 쥐띠해에 해당한다.

庚이 12운성의 사지(養支)에 해당하는 子를 만나서 물에 빠진 큰 쇳덩어리를 의미하지만, 상생 관계로 금은 수를 좋아하니 배려심이 있으며 맑고 청한 사람이다.

폐, 기관지, 호흡기, 중풍, 자궁 등과 관련된 질환을 주의해야 한다.

의리 지상주의지만 예리한 비판력을 갖추고 있으며 다재다능하고 문장이나 언어가 수려한 특징을 가지고 있다.

화려해 보이는 이면에 고독한 기운이 있고 지나치게 청렴하여 고립을 자초하는 경우가 많다.

고란살(孤鸞殺) 중에 가장 강하게 작용하여 남편을 추궁하게 되고 그로 인해서 덕이 없으니 남편에 대한 기대의 부족함을 자식으로 채운다.

잘 따져서 옳고 그름을 지나치게 가리니 곧고 고고한 성품 탓으로 외로운 격이다.

미인이 많고 총명하나 신경이 예민한 편으로 이기적인 부분이 있다.

물로 인한 재해를 주의해야 하고 물과 관련된 업종도 피하는 것이 상책이며 권력계통이 길하다.

식상을 깔고 있으니 언론, 의사, 요식업, 교육, 방송 등이 길하다.

법관, 경찰, 전자, 종교 등과 관련된 업종에 인연이 있다.

38) 신축(辛丑)

신축(辛丑)은 60갑자 또는 60간지의 38번째이다.

辛은 오행 중에 金에 해당하고 백색이며, 丑은 오행 중에 土에 해당하고 소띠를 의미한다.

辛丑年은 백색의 소띠해에 해당한다.

辛이 12운성의 양지(養支)에 해당하는 丑을 만나서 축축한 땅에 묻혀있는 보석, 겨울의 개울물에 녹슨 깡통 등의 형상이니 보석의 역량을 발휘하기가 미비한 상태이다.

폐, 비위, 담석, 화상, 우울, 수술, 화상 등과 관련된 질환을 조심해야 한다.

지장간(支藏干)에도 辛이 암장(暗藏)되어 있으니 주관이 뚜렷하고 자기의 뜻을 남에게 전달하는 능력이 탁월하다.

신용과 의리가 있으며 근면하여 어려운 일이 닥쳐도 남다른 인내심으로 승부를 본다.

금이 차가워진 상태이니 날카로움이 있으며 맺고 끊음이 분명하다.

차가워 보이는 인상과 아집이 있고 꼼꼼하고 현실적인 성향으로 흑과 백이 분명하지만, 마음에 드는 상대에게는 최선을 다한다.

현실 상황의 대처가 신속하고 독기를 품으면 궁리를 모색하며 색욕이 강하다.

편인을 깔고 있으니 자존심이 강하고 참을성과 인내심이 좋으며 지구력도 좋다.

총명하고 미모는 뛰어나지만, 신경이 예민하고 인생에 막힘이 있으며 일부종사가 어렵다.

무관, 공무원, 학자, 설계, 문화 의사, 연구원, 종교, 교육, 공직 등과 관련된 업종에 인연이 있다.

39) 임인(壬寅)

임인(壬寅)은 60갑자 또는 60간지의 38번째이다.

壬은 오행 중에 水에 해당하고 흑색이며, 寅은 오행 중에 木에 해당하고 범띠를 의미한다.

壬寅年은 흑색의 범띠해에 해당한다.

壬이 12운성의 병지(病支)에 해당하는 寅을 만나서 봄에 흐르는 강물을 의미하니 머리가 좋고 식복이 타고났다.

사고 수를 조심해야 하며 신장, 방광, 간, 중풍, 고혈압, 당뇨, 자궁, 폐 등과 관련된 질환을 주의해야 한다.

지혜와 영감이 뛰어나고 유연성과 융통성이 좋으며 사람을 포용하는 능력이 탁월하다.

이해와 배려심이 깊고 총명하여 공부를 잘하며 학문에 관련된 높은 관직을 가지는 것이 좋으나, 중단되는 경우가 발생한다.

항상 사람이 따르고 인정이 많아서 부탁을 받으면 거절이 어려워서 생기는 피해를 보게 된다.

일찍 출세하여 분주하고 권력에 아부하지 않으며 큰일을 당해도 태연함이 있다.

곤명(坤命)은 지나치게 똑똑하여 남편복이 부족하다.

식신을 깔고 있으니 육십갑자 중에 가장 요리 솜씨가 좋으니 요식업이 좋으며 총명한 두뇌로 교육사업도 길하다.

무역, 공직 등으로 진출하여도 풍족해질 수 있으며 운수, 관광, 교육, 예술 등과 관련된 업종에 인연이 있다.

40) 계묘(癸卯)

계묘(癸卯)는 60갑자 또는 60간지의 40번째이다.

癸는 오행 중에 水에 해당하고 흑색이며, 卯는 오행 중에 木에 해당하고 토끼띠를 의미한다.

癸卯年은 흑색의 토끼띠해에 해당한다.

癸가 12운성의 장생지(長生支)에 해당하는 卯를 만나서 봄에 내리는 비를 의미한다.

길신(吉神) 중에 가장 좋은 길신으로 지혜가 있고 성품이 반듯하여 학문과 인연이 깊다.

신장, 방광, 생리통, 편두통, 당뇨 등과 관련된 질환을 주의해야 한다.

천을귀인(天乙貴人)을 깔고 있으니 심성이 순수하고 타고난 복록이 있다.

외모가 출중하고 호감의 인상으로 인기가 높으며 다정하고 선한 성정으로 학문도 뛰어나다.

영감이 발달하고 지혜가 깊어서 새로운 것을 기획하는 창의력이 남다르다.

식신을 깔고 있으니 융통성이 좋고 포용력은 있지만, 환경변화에 민감하여 주변을 의식하는 성향이 있다.

음기가 강해지면 예리하고 날카로워지는 경향이 있으며 지구력이 약하다.

곤명(坤命)은 미모이고 건명(乾命)은 부부가 해로하기 어렵다.

지지가 장생으로 학문과 문장이 뛰어나니 학자나 교육자의 진로를 선택하면 길하다.

크레온의 사주명리학

요식업, 금융, 교육, 예술, 서예, 조경, 예능 등과 관련된 업종에 인연이 있다.

41) 갑진(甲辰)

갑진(甲辰)은 60갑자 또는 60간지의 41번째이다.

甲은 오행 중에 木에 해당하고 청색이며, 辰은 오행 중에 土에 해당하고 용띠를 의미한다.

甲辰年은 청색의 용띠해에 해당한다.

甲은 12운성의 쇠지(衰支)에 해당하는 辰을 만나서 아직은 노련함이 있으며 좋은 땅에 심겼으니 양기가 분출하고 성장을 마무리하여 확산하는 준비를 한다.

동네 입구에 모두가 쉬어가는 정자나무를 의미하니 격이 아주 훌륭하며 패기에 차고 자존심과 집념이 강하다.

비위는 좋으나 담, 머리, 가슴, 피부, 관절, 중풍 등과 관련된 질환을 주의해야 한다.

옥토에 해당하는 辰에 뿌리를 내리니 편안하고 사교성이 좋아서 주변에 사람이 많이 모인다.

주체성이 강하고 낭만적인 면이 있으며 나무가 자라기 좋은 땅이니 살이 잘 찌는 경우가 많다.

금여록(金輿祿)으로 배우자 운이 좋으며 집 밖에 나가면 대접을 받고 일생이 안락하며 용모 또한 준수한 경우가 많다.

인덕이 있고 재물 운이 좋으니 부귀를 누릴 수 있지만, 급한 성격 탓으로 실패를 경험하기도 하며 편재를 깔고 있으니 투기성은 주의해야 한다.

일주가 괴강과도 같은 성정이 있으니 뻔뻔함이 있고 변덕이 있으며 독립심이 강하다.

자기주장이 강하여 남에게 지지 않으려는 성향을 담고 있으니 대립하면 승부 근성을 확연히 드러낸다.

백호대살(白虎大殺)의 작용이 강해지면 건명(乾命)의 경우 배우자 궁이 불안하고 곤명(坤命)은 남편 궁에 수심이 가득하다.

외과 의사로 진출하면 면하는 경우가 있으니 의료계통이 가장 좋으며 교육계통, 법조계, 재정 등으로 진출하여도 길하다.

편재의 영향으로 반드시 사업을 하게 되며 목재, 섬유, 사업, 부동산 등과 관련된 업종에 인연이 있다.

42) 을사(乙巳)

을사(乙巳)는 60갑자 또는 60간지의 42번째이다.

乙은 오행 중에 木에 해당하고 청색이며, 巳는 오행 중에 火에 해당하고 뱀띠를 의미한다.

乙巳年은 청색의 뱀띠해에 해당한다.

乙이 12운성의 목욕지(沐浴支)에 해당하는 巳를 만나서 木의 성장이 마무리되고 화기가 확산하니 초여름에 만개한 꽃을 의미한다.

간, 머리, 비장, 두통, 신경, 치아, 기관지, 얼굴 등과 관련된 질환을 주의해야 한다.

상관을 깔고 있으니 언변이 뛰어나고 외모가 준수하며 현실환경에 적응하는 능력이 탁월하다.

소유욕이 지나게 강하고 추진력은 좋으며 은근히 실속파이지만 평생 분주하고 주거가 불안정하니 결과가 흐지부지한 경우가 많다.

다정한 성격을 지니고 있으며 외모는 아름답지만, 고란살(孤鸞殺)의 작용으로 부부 이별 수가 있으니 차라리 일찍 겪는 것이 편하다.

언행이 가볍고 호기심이 많아서 초지일관하기가 어려우며 색정으로 문제가 발생할 수 있다.

신경이 예민하고 이유 없이 몸이 아픈 경우가 생긴다.

목화통명(木火燫明)이니 격이 좋으면 지혜가 밝고 학문이 뛰어나서 문학, 교육, 공직 등으로 입신출세하면 길하다.

언론, 방송, 예술, 예능, 아나운서, 출판, 무역, 외교, 등과 관련된 업종에 인연이 있다.

43) 병오(丙午)

병오(丙午)는 60갑자 또는 60간지의 43번째이다.

丙은 오행 중에 火에 해당하고 적색이며, 午는 오행 중에 火에 해당하고 말띠를 의미한다.

丙午年은 적색의 말띠해에 해당한다.

丙이 12운성의 제왕지(帝旺支)에 해당하는 午를 만났으니 양기가 극에 달하여 한낮에 뜨거운 태양을 의미한다.

대체로 건강한 편이나 소장, 고혈압, 당뇨, 신경통, 심장마비, 폐, 비뇨기과 등과 관련된 질환을 주의해야 한다.

사회생활에서 친화력이 매우 좋고 호방하여 사람을 잘 사귀며 예의가 바르고 겸손하며 낙천적인 면이 있다.

가장 높은 위치에 있는 사람이라는 생각으로 자존심이 강하며 대단히 권위적이고 냉정한 부분이 있다.

성격은 급하고 재치는 있지만, 독단적 기질이 있고 자만심이 강하여 주변 환경을 탓하는 경우가 있다.

자기가 하고 싶은 것만 하며 매사 급한 성격 탓으로 싫증을 빨리 느끼는 경향이 있으며 허풍이 세다.

밝은 빛이지만 음으로 포장되어 겉으로 잘 드러나지 않는 어두운 면이 있으며 앞으로 나아갈 줄만 알고 물러설 줄 모르니 독불장군 기질이 있다.

곤명(坤命)은 양기가 지나치게 강하여 남편복이 박복하지만, 지지에 도화를 깔고 있으니 일 처리에 요령이 있다.

양인살(羊刃殺)이 작용하니 자격증을 바탕으로 전문직이 길하며 군인, 경찰, 사법계, 의술, 교육, 쇠를 다스리는 직업 등이 길하다.

해외 출입과 연관된 재정, 금융, 체육관, 정육 등과 관련된 업종에 인연이 있다.

44) 정미(丁未)

정미(丁未)는 60갑자 또는 60간지의 44번째이다.

丁은 오행 중에 火에 해당하고 적색이며, 未는 오행 중에 土에 해당하고 양띠를 의미한다.

丁未年은 적색의 양띠해에 해당한다.

丁이 12운성의 관대지(冠帶支)에 해당하는 未를 만나서 더운 여름에 뜨거운 땅 위의 모닥불을 의미한다.

심장, 소장, 혈압, 위장, 비만, 허리 등과 관련된 질환에 주의해야 한다.

에너지와 정력이 남다르고 도량이 넓으니 베풀기를 잘하며 언변이 뛰어나고 추진력이 탁월하다.

에너지가 좋아서 자기 몫은 잘 챙기지만, 마른 땅만 있으면 흉하여 빈천해지기가 쉬우니 水를 갈망하는 마음이 대단하다.

단처불가(單妻不可)하여 남녀 모두 해로하기는 어렵다.

곤명(坤命)이 신강하면 자신이 옳다고 믿는 고집이 대단하고 고지식하다.

인정이 많고 착하지만 조급한 면이 있으며 독단적인 성향으로 동업은 피하는 것이 좋다.

식신을 깔고 있으니 기술방면이나 예술에 재능이 있으며 공직, 관직, 언론, 교육 등이 길하다.

종교, 식품, 요식업, 부동산 등과 관련된 업종에 인연이 있다.

45) 무신(戊申)

무신(戊申)은 60갑자 또는 60간지의 45번째이다.

戊은 오행 중에 土에 해당하고 황색이며, 申은 오행 중에 金에 해당하고 원숭이띠를 의미한다.

戊申年은 황색의 원숭이띠해에 해당한다.

戊가 12운성의 병지(病支)에 해당하는 申을 만나서 잘 갈아 놓은 가을 땅, 논, 풍요로운 땅 등을 의미한다.

위장, 고혈압, 요통, 담석, 신경과민 등과 관련된 질환에 주의해야 한다.

맡은 일에 책임감이 있고 의식이 풍족하여 복록이 따르며 부귀장수하고 평생을 안락하게 지낸다.

반면 산에 있는 바위이고 고란살(孤鸞殺)에 해당하니 쓸쓸하고 외로운 기운이 있다.

申은 설기가 강하니 상관성이 있어서 변덕이 생기고 남의 일에 참견이 많으며 그로 인해서 오해를 사기가 쉽다.

은근한 고집이 있고 배우자를 극 하는 기질이 있으며 초혼은 실패하는 경우가 흔하다.

곤명(坤命)은 별걱정 없이 잘 살지만, 배우자보다 자식에게 헌신하는 경우가 많다.

간섭만 받지 않는다면 머리가 좋으니 직장생활에서 최대한 능력을 발휘할 수 있으며 한 분야에 전문가가 될 수 있다.

중용(中庸) 작용을 잘하니 일 처리는 깔끔하게 마무리하며 중계나 중매에도 소질이 있다.

운수업, 군인, 검찰, 공무원 등과 관련된 직업이 길하다.

궁리하는 사업, 철재와 관련된 사업, 아이디어, 상품생산, 투기성 등과 관련된 업종에 인연이 있다.

46) 기유(己酉)

기유(己酉)는 60갑자 또는 60간지의 46번째이다.

己는 오행 중에 土에 해당하고 황색이며, 酉는 오행 중에 金에 해당하고 닭띠를 의미한다.

己酉年은 황색의 닭띠해에 해당한다.

己가 12운성의 장생지(長生支)에 해당하는 酉를 만나서 잘 갈아 놓은 가을 밭을 의미하니 맡은 일에 책임을 다하고 식록이 두텁다.

치아가 약하고 골절이 자주 발생할 수 있으며 소장, 호흡기 계통 등과 관련된 질환에 주의해야 한다.

중용(中庸) 작용을 잘하니 일의 마무리 역할을 잘하며 연구력이 뛰어나고 매사 정확한 일 처리와 지혜가 있다.

인정이 많고 온순하지만, 타인을 제압하는 힘이 있으며 머리 회전이 빠르니 주위로부터 인정을 받는다.

곤명(坤命)은 배우자의 인연이 박하고 자식에게 헌신하며 몸에 수술 자국을 지니게 된다.

건명(乾命)은 현명한 처와 인연이 있으나 도화로 인한 문제를 조심해야 한다.

기억력이 우수하며 학문과 의술에 관심이 높아서 의료, 교육자의 진로가 길하다.

설계, 예술, 요식업, 숙박업, 칼을 쓰는 직업 등과 관련된 업종에 인연이 있다.

47) 경술(庚戌)

경술(庚戌)은 60갑자 또는 60간지의 47번째이다.

庚은 오행 중에 金에 해당하고 백색이며, 戌은 오행 중에 土에 해당하고 개띠를 의미한다.

庚戌年은 백색의 개띠해에 해당한다.

庚이 12운성의 쇠지(衰支)에 해당하는 戌을 만나서 사막 위를 굴러다니는 큰 탱크의 형상으로 활동력이 좋고 적극적이지만, 지속력은 부족하다.

폐, 대장, 기관지, 순환기 계통 등과 관련된 질환에 주의해야 한다.

두뇌가 우수하고 재치는 뛰어나지만, 자만심이 강하다.

괴강의 발달로 남보다 빠른 발복이 되어 우두머리가 될 수 있으며 천문의 영감을 발휘하고 직관력이 발달하니 종교에도 관심이 많다.

자존심에 상처를 입으면 화를 참지 못하고 지키고 유지하려는 일관성과 꾸준함은 있으나 고지식하여 변화를 싫어한다.

외부와 차단되어 외골수적인 부분이 있어서 친해지기가 어렵다.

곤명(坤命)은 배우자의 능력이 약하고 주변이 조열하면 까다로운 성정으로 화를 잘 내어 상대를 당황스럽게 만든다.

철학, 언론, 교육, 의사, 약사, 예술, 미술 등과 관련된 직종이 길하고 군인, 경찰, 공직 등과 관련된 업종에 인연이 있다.

48) 신해(辛亥)

신해(辛亥)는 60갑자 또는 60간지의 48번째이다.

辛은 오행 중에 金에 해당하고 백색이며, 亥는 오행 중에 水에 해당하고 돼지띠를 의미한다.

辛亥年은 백색의 돼지띠해에 해당한다.

辛이 12운성의 목욕지(沐浴支)에 해당하는 亥를 만나서 물에 빠진 다이아몬드의 형상이다.

환경에 지배를 받으니 변신에 능하며 예술이나 문학에 조예가 깊다.

하체가 부실한 경우가 많으며 기관지, 호흡기, 폐, 관절, 신장, 방광, 두통 등과 관련된 질환에 주의해야 한다.

지혜가 있고 다재다능한 재능을 지니고 있으나 상관성으로 타인을 무시하는 교만함이 있다.

수단이 좋으며 인정은 있어서 주변에 인기가 많지만 돌아설 때는 냉정하다.

승부 욕이 강하고 언변이 좋으니 논쟁이 발생하면 제압하는 능력이 탁월하다.

곤명(坤命)은 고란살의 작용으로 독수공방이며 배우자와 다툼이 잦고 남편을 무시하는 경향이 강하다.

건명(乾命)은 호색가 기질이 있으며 자식이 번창하기 어렵고 부부가 화합하는 것에 어려움이 따른다.

설교를 잘하는 종교인이나 교육자의 진로가 길하다.

문학, 예술, 예능, 종교, 의학, 무역, 유흥, 유동 등과 관련된 업종에 인연이 있다.

49) 임자(壬子)

임자(壬子)는 60갑자 또는 60간지의 49번째이다.

壬은 오행 중에 水에 해당하고 흑색이며, 子는 오행 중에 水에 해당하고 쥐띠를 의미한다.

壬子年은 흑색의 쥐띠해에 해당한다.

壬이 12운성의 제왕지(帝旺支)에 해당하는 子를 만나서 큰 바닷물, 겨울에 얼어붙은 강물 등을 의미하니 자기주장이 강하다.

강한 양인살(羊刃殺)의 작용으로 대체로 건강하나 수액, 중풍, 혈압, 신장, 방광, 질염이나 자궁, 위 계통 등과 관련된 질환에 주의해야 한다.

총명하여 재치가 있고 지혜가 출중하며 도량이 넓고 인정이 많다.

선견지명은 타의 추종을 불허하니 천지에 두려울 것이 없고 수완이 능수능란하다.

사람을 가리지 않으니 타인의 호감을 사고 따르는 이가 많으나 신중하다 못해 진중함이 지나쳐서 비밀이 많고 음흉한 부분이 있다.

주거의 변동이 심하고 직업도 이직이 잦으며 일생에 안정을 찾기가 어렵다.

물처럼 유하지만 크게 노하면 거침이 없으며 남녀 불문하고 호색가 기질이 있다.

일지가 양인살(羊刃殺)이면 배우자 운이 좋지 않으며 생사 이별할 수 있고 금전의 출입이 빈번하여 재물을 지키기가 어렵다.

예술이나 기예 방면에서 두각을 나타내기도 한다.

무역, 해운, 수산, 요식, 경찰, 군인, 검찰, 정치인, 의사, 유흥업 등과 관련된 업종에 인연이 있다.

50) 계축(癸丑)

계축(癸丑)은 60갑자 또는 60간지의 50번째이다.

癸는 오행 중에 水에 해당하고 흑색이며, 丑은 오행 중에 土에 해당하고 소띠를 의미한다.

癸丑年은 흑색의 소띠해에 해당한다.

癸가 12운성의 관대지(冠帶支)에 해당하는 丑을 만나서 한겨울의 언 땅에 내리는 눈을 의미한다.

눈 내리는 모습은 아름다우나 음기가 지나치게 강하다.

곤명(坤命)은 자궁질환에 근심이 생길 수 있으며 위장, 냉증, 불임, 당뇨, 신장, 혈압 계통 등과 관련된 질환에 주의해야 한다.

모든 일에 최선을 다해 수행하려는 마음가짐이 있으니 주변에서 인정을 받지만, 충실함이 지나쳐서 잔인한 면모를 보이기도 한다.

포부와 욕망은 대단하지만, 식상이 부족하면 현실과 어긋나게 되고 자만심이 지나쳐 고립되는 경향이 있다.

발복이 더디므로 학문과 수양에 힘써야 하며 인덕은 있으나, 고집이 세고 타인의 말을 경청하지 않는 성향이 있다.

일지의 관(官)이 백호대살(白虎大殺)로 작용하니 곤명(坤命)은 배우자 운이 약하다.

건명(乾命)은 자식궁에 근심이 끊이질 않는다.

남녀 모두 배우자 운에 고통이 있으며 대체로 재혼의 경우가 아니라면 사별을 겪으며 가정이 원만하지 못하다.

외과 의사, 침술, 의약, 종교 등과 관련된 직종이 길하다.

무관, 경찰, 수사관, 공직, 기술, 물장사 등과 관련된 업종에 인연이 있다.

51) 갑인(甲寅)

갑인(甲寅)은 60갑자 또는 60간지의 51번째이다.

甲은 오행 중에 木에 해당하고 청색이며, 寅은 오행 중에 木에 해당하고 범띠를 의미한다.

甲寅年은 청색의 범띠해에 해당한다.

甲이 12운성의 건록지(建祿支)에 해당하는 寅을 만나 양기가 분출하여 성장하는 木으로 같은 오행을 깔고 있으니 거목, 확실히 뿌리 내린 큰 나무를 의미한다.

정록(正綠)이니 대체로 건강한 편이나 간, 담, 시력, 고혈압, 피부, 신경성 위염 등과 관련된 질환에 주의해야 한다.

위를 향해 뻗으려는 성향으로 자존심과 고집이 세고 남들보다 앞서가려는 성향으로 주관적이고 미래지향적이며 진취적이다.

성정은 반듯하고 자비로우며 자립심이 강하고 주관이 확고하나 부정과 타협하지 않으려 하며 그로 인해서 고독하다.

대들보가 되는 나무의 형상이니 밖에서는 호인이고 집안에서는 군림하려는 기질이 있다.

성격이 확고하니 부부 사이에 자존심을 내세워 초혼은 실패 수가 따르며 가족에 대한 애착은 있으나 밖으로 나돌게 된다.

간여지동(干與之同)이니 신강하며 배우자 궁에 친구가 들어있는 모습으로 서로에게 양보심이 없다.

곤명(坤命)은 고란살까지 겹치니 남편복이 박복한 경우이며 금슬을 기대하기는 어렵다.

외교, 무역 등과 관련된 직종이 길하며 교육자, 공직, 정치, 역술, 종교, 의료계통, 법조인 등과 관련된 업종에 인연이 있다.

52) 을묘(乙卯)

을묘(乙卯)는 60갑자 또는 60간지의 52번째이다.

乙은 오행 중에 木에 해당하고 청색이며, 卯는 오행 중에 木에 해당하고 토끼띠를 의미한다.

乙卯年은 청색의 토끼해에 해당한다.

乙이 12운성의 건록지(建祿支)에 해당하는 卯를 만나서 양기의 성장이 극에 달하는 봄기운이니 큰나무에 핀 꽃, 바람 달의 꽃을 의미한다.

대체로 건강한 편이지만 간, 담, 호흡기 계통, 신경통 등과 관련된 질환에 주의해야 한다.

손재주가 남다르고 생명력이 뛰어나며 치밀하고 분명한 성격을 지닌다.

부드러운 일면에 순진함이 있고 인정은 많으며 임기응변에 강하다.

잘난 척을 잘하고 독한 면이 있지만, 타인으로부터 최고라고 인정받기는 어렵다.

재물에 대한 욕심이 대단하니 재물은 따르나 원치 않게 돈이 세며 자식 복이 박복하다.

건명(乾命)은 배려심이 부족하고 외유내강형으로 고집이 있으며 처복이 약하다.

곤명(坤命)은 고집이 세며 남편 덕이 부족하여 갈등이 생기기 쉽다.

박학다식하며 목재, 원예, 농수산, 교육, 문학, 공직, 방송, 연예, 미용, 화장품 등과 관련된 업종에 인연이 있다.

53) 병진(丙辰)

병진(丙辰)은 60갑자 또는 60간지의 53번째이다.

丙은 오행 중에 火에 해당하고 적색이며, 辰은 오행 중에 土에 해당하고 용띠를 의미한다.

丙辰年은 적색의 용띠해에 해당한다.

丙이 12운성의 관대지(冠帶支)에 해당하는 辰을 만나서 완연한 봄에 넓은 땅을 비추는 태양이며 큰 산에 떠오르는 형상을 의미한다.

대식가의 경우가 많고 소상, 당뇨, 순환기 계통이 약하며 심장, 혈압, 시력, 습진, 당뇨 등과 관련된 질환에 주의해야 한다.

지혜가 있고 추진력이 강하며 언변이 좋다.

자신의 장단점을 잘 분석하여 판단하는 능력과 처세술이 좋으며 선견지명이 있어서 수완이 뛰어나지만, 돈은 모을 줄 모른다.

관재수가 발동하고 실패 수에 휘말리면 구설이 따르는 경우가 있으며 신앙에 관심이 많다.

수단과 방법을 가리지 않으며 강자와 약자에 따라서 성정이 다르게 드러나기도 한다.

곤명(坤命)은 자식 복이 약하고 육친의 덕이 박복하다.

사업에는 두각을 나타내는 경우가 있지만, 깊은 궁리를 하는 학자가 더 길하다.

의학, 군인, 경찰, 행정, 종교, 요식업, 사법계, 전기, 교도관, 보안관, 유흥업 등과 관련된 업종에 인연이 있다.

54) 정사(丁巳)

정사(丁巳)는 60갑자 또는 60간지의 54번째이다.

丁은 오행 중에 火에 해당하고 적색이며, 巳는 오행 중에 火에 해당하고 뱀띠를 의미한다.

丁巳年은 적색의 뱀띠해에 해당한다.

丁이 12운성의 제왕지(帝旺支)에 해당하는 巳를 만나서 매우 밝은 불덩어리, 용광로의 큰불 등을 의미한다.

수족의 상해를 조심해야 하고 신경통, 변비, 치질, 심장, 호흡기 계통, 두통, 치아 등과 관련된 질환에 주의해야 한다.

명랑하고 언변이 좋으며 예의가 바르고 거짓말을 잘하지 못하는 성향으로 윗사람의 인정을 받는다.

너무 조(燥) 하면 말의 실수가 잦아지게 되고 신뢰감을 얻기는 어려우며 화를 잘 내지만 뒤끝은 없다.

간여지동(干與支同)이니 남녀 모두 부부인연이 약하다.

건명(乾命)은 색정의 문제를 일으키기가 쉬우며, 곤명(坤命)은 사별하는 경우가 흔하다. 금전 관계가 철저하며 재물에 대한 욕심이 있으니 재성이 강하면 부를 누린다.

음간(陰干)이지만 기운이 강하여 양인과 같은 기질로 남에게 비방을 받기도 하며 재물에 실패 수가 따르니 주의해야 한다.

지장간(地藏干)에 재물이 숨어 있으니 큰 사업이나 재정과 관련된 업종이 길하다.

경찰, 군인, 사법관, 교육, 컴퓨터, 방송, 술장사, 수산, 유흥, 부동산 등과 관련된 업종에 인연이 있다.

55) 무오(戊午)

무오(戊午)는 60갑자 또는 60간지의 55번째이다.

戊는 오행 중에 土에 해당하고 황색이며, 午는 오행 중에 火에 해당하고 말띠를 의미한다.

戊午年은 황색의 말띠해에 해당한다.

戊가 12운성의 제왕지(帝旺支)에 해당하는 午를 만나서 뜨거운 여름의 들판, 사하라 사막과 같은 큰 땅을 의미하니 아량이 넓고 카리스마가 있다.

고혈압, 당뇨, 중풍, 비뇨기, 위장, 폐, 피부 건조 등과 관련된 질환에 주의해야 한다.

정인이 잘 작용하면 상당한 포용력을 지니며 친화력이 좋아서 사교적이고 성정이 부드럽다.

양인으로 작용하면 예의가 바른 것처럼 보이나 속으로 자기주장을 바꾸지 않으며 보스기질을 드러낸다.

반면 항상 불안정하고 융통성이 부족하며 독불장군과 같은 고집이 생긴다.

배우자 궁이 박복하여 이별이 잦고 남녀 모두 색을 밝힌다.

곤명(坤命)은 언변이 뛰어나고 활동이 왕성하며 사교적이지만, 자만심이 강하여 안하무인일 때가 있어서 구설이 따른다.

직관력이 발달하니 신앙과 인연이 깊고 종교와 관련된 업이나 철학과 관련된 업종이 길하다.

정인이 양인이니 관성만 받쳐준다면 공직으로 출세는 가능하다.

관직, 법조계, 군인, 경찰, 부동산, 정치, 약사, 보험 등과 관련된 업종에 인연이 있다.

56) 기미(己未)

기미(己未)는 60갑자 또는 60간지의 56번째이다.

己는 오행 중에 土에 해당하고 황색이며, 未는 오행 중에 土에 해당하고 양띠를 의미한다.

己未年은 황색의 양띠해에 해당한다.

己가 12운성의 관대지(冠帶支)에 해당하는 未를 만나서 뜨거운 밭에 풀이 올라오는 형상이다.

건강한 편이지만 간담이 허하고 신경이 예민하며 비위, 당뇨, 혈액, 자궁, 비뇨기 계통 등과 관련된 질환에 주의해야 한다.

암록(暗綠)을 깔고 있으니 평생에 재물이 따르며 남을 위해 봉사하는 마음을 지니고 있다.

간여지동(干與支同)으로 경쟁자가 따르니 동업이나 사업보다는 직장을 선택하는 것이 옳다.

일복이 많으나 자기 이익을 챙기는 것도 뛰어나며 은근히 고집이 세고 쓸데없는 자존심을 세우는 경우가 많으며 항상 마음이 분주하다.

교육, 금융, 종교, 부동산, 농수산, 연구원, 간호사, 침술, 교도관, 간호 등과 관련된 업종에 인연이 있다.

57) 경신(庚申)

경신(庚申)은 60갑자 또는 60간지의 57번째이다.

庚은 오행 중에 金에 해당하고 백색이며, 申은 오행 중에 金에 해당하고 원숭이띠를 의미한다.

庚申年은 백색의 원숭이띠해에 해당한다.

庚이 12운성의 건록지(建祿支)에 해당하는 申을 만나서 불도저, 탱크와 같은 아주 큰 쇳덩어리 등을 의미한다.

지나치게 완벽하고 냉정할 때가 있으며 자립심이 강하고 완벽주의자로 일 처리가 능수능란하다.

반면 의리만 따지다가 손해를 보는 경우가 많으며 혁명가 기질이 있다.

간, 담이 허하고 기관지, 호흡기 계통, 대장, 중풍 등과 관련된 질환에 주의해야 한다.

극과 극의 운세로 권력자가 되거나 지도자가 되지 않으면 천해지기가 쉽고 유흥 계통으로 빠지게 된다.

남녀 모두 색정이 강하며 부부인연이 박하여 고독지명(孤獨之命)이다.

음성은 좋으나 말에 가시가 있으니 신중해야 하며 사람을 잘 휘두르는 수단이 있고 지나치게 차갑고 냉정한 면이 있다.

무조건 센 직업으로 법조계나 의사, 군인, 정치, 경찰, 운동, 유흥 등과 관련된 업종에 인연이 있다.

58) 신유(辛酉)

신유(辛酉)는 60갑자 또는 60간지의 58번째이다.

辛은 오행 중에 金에 해당하고 백색이며, 酉는 오행 중에 金에 해당하고 닭띠를 의미한다.

辛酉年은 백색의 닭띠해에 해당한다.

辛이 12운성의 건록지(建祿支)에 해당하는 酉를 만나서 잘 다듬어진 보석, 다이아몬드, 금속 등을 의미하니 차갑고 주관이 분명하다.

신체에 생길 외상을 주의해야 하며 폐, 비염, 호흡기 질환, 순환기 계통 등과 관련된 질환에 주의해야 한다.

위아래 모두 보석이니 단단하며 자립심이 강하고 의리는 있으나 날카롭고 예민하여 신뢰를 잃으면 여지를 두지 않는다.

인정을 베풀 때는 하염없고 사교성은 좋으나 간여지동(干與支同)으로 고집이 세고 타협이 없으며 가족에게는 무정하다.

60갑자 중에 가장 고집이 세고 배우자 궁이 약하다.

부부가 해로하기 어렵고 색정이 밝아서 음란해지기가 쉽다.

군경, 의사, 공직, 기술, 기계, 금은방 등과 관련된 업종에 인연이 있다.

59) 임술(壬戌)

임술(壬戌)은 60갑자 또는 60간지의 59번째이다.

壬은 오행 중에 水에 해당하고 흑색이며, 戌은 오행 중에 土에 해당하고 개띠를 의미한다.

壬戌年은 흑색의 개띠해에 해당한다.

壬이 12운성의 관대지(冠帶支)에 해당하는 戌를 만나서 섬 꼭대기에 고여 있는 잔잔한 큰물을 의미한다.

신장, 방광, 당뇨, 골절, 결석, 자궁 등과 관련된 질환에 주의해야 한다.

천문성을 지니고 있으며 지혜가 있고 총명하여 학문과 수양에 애쓰면 크게 성공할 수 있다.

활동력이 좋고 직관력이 발달하여 꿈이 잘 맞는 경우가 많다.

자기주장이 강하고 상대에 따라서 호불호가 있으며 한번 변심하면 증오가 심하다.

관(官)이 백호대살(白虎大殺)이니 건명(乾命)은 자식궁에 근심이 생기며, 곤명(坤

命)은 배우자 운이 좋지 못하며 사별하는 운이 있다.

재물의 창고가 있으니 잘 발현되면 큰 부를 지니게 된다.

재정, 금융, 의사, 교육, 종교, 군인, 경찰, 토목, 기술 등과 관련된 업종에 인연이 있다.

60) 계해(癸亥)

계해(癸亥)는 60갑자 또는 60간지의 60번째이다.

癸는 오행 중에 水에 해당하고 흑색이며, 亥는 오행 중에 水에 해당하고 돼지띠를 의미한다.

癸亥年은 흑색의 돼지띠해에 해당한다.

癸가 12운성의 제왕지(帝旺支)에 해당하는 亥를 만나서 큰 강물에 내리는 비, 겨울의 눈 등을 의미한다.

대체로 건강한 편이나 위, 신장, 방광, 생식기, 혈압, 시력 등과 관련된 질환에 주의해야 한다.

깊이를 알 수 없으니 무한한 잠재력을 지녔으며 천문성으로 지혜가 많고 머리가 영특하여 영감이 잘 발달한다.

국제적인 움직임이 있고 한길로 나가면 크게 발하지만, 변화가 많으면 실패 수가 따르니 주의해야 한다.

부부간에 생사 이별을 겪게 되는 경우가 있으며 곤명(坤命)은 고독해지기 쉽다.

사주 격에 따라서 크게 달라질 수 있으며 외교, 교육, 철학, 발명, 관광, 종교, 요식업 등과 관련된 업종에 인연이 있다.

조선 초기부터 시작하여 중기 무렵 토정비결을 보는 방법으로 육십갑자를 이용하여 한해의 신수(身數)를 알아보는 방법으로 사용하였다.

당사주와 비교는 불가하지만, 육십갑자의 통변도 마찬가지로 사주 전체를 논한 것은 아님을 명심해야 한다.

일주론을 중심으로 상황을 판단하기도 하지만 년주와 월주, 시주에 대입하여 보기도 한다.

일주론은 단식판단으로 함부로 맹신은 말아야 하며 일간의 성향을 먼저 파악하고 다른 글자가 미치는 영향의 정도에 따라서 성정이 달라질 수 있으니 참고하여 공부하면 도움이 될 수 있다.

크레온의
사주명리학
四柱命理學

6. 형상명리학(刑象命理學)의 계절 용신론(季節 用神論)

　오래전 운산(雲山) 선생님의 문하생으로 형상명리학(刑象命理學)을 공부할 기회가 있었다. 그 후로 우주만물(宇宙萬物)의 변화하는 형상을 좀 더 쉽게 이해하면서 명리학의 깨달음을 얻게 된 기초가 되었다.

　형상명리학은 궁통보감(窮通寶鑑)을 바탕으로 한 학문으로 실전에서 검증을 거쳐 오랜 세월 동안 현실 통변(通變)에 적용하여 체계적으로 잘 정리한 학문이다.

　제자들에게 마지막으로 가르침을 주셨는데 그때 강의를 직접 들을 수 있었으니 지금 생각해 보면 행운이었다.

　중국의 "자평진전(子平眞詮)이나 적천수(滴天髓)"를 공부하였으나 요즘 통변성과는 대체로 적중률이 낮은 경우가 많았다.

　궁통보감(窮通寶鑑)을 체계적으로 공부하기에 그 당시 잘 정리된 서적도 없거니와 너무 어렵게 풀이되어 실전 통변(通變)에 적용하기는 무리함이 있었다.

　형상명리학(刑象命理學)은 자연의 섭리와 이치를 따르는 학문으로 계절론(季節論)과 연관성이 있으며 지금까지 실전 통변(通變)에서 가장 유용하게 잘 사용하고 있는 지침서가 되었다.

　같은 일간(日干)이어도 계절마다 필요한 용신(用神)은 다르니 생로병사(生老病死)와 길흉화복(吉凶禍福)을 판단하는 기초로 잘 적립된 학문이다.

　크레온의 사주명리학 도서를 잘 마무리한 후 기회가 된다면 형상명리학(刑象命理學)을 현실에 맞는 이론으로 정리하여 연구해보고 싶은 마음이 있다.

　기본적인 형상명리학(刑象命理學)의 계절 용신(用神)을 우선 표로 정리해 보았다.

〈 형상명리학(刑象命理學)의 계절 용신 〉

日干 月支	甲	乙	丙	丁	戊	己	庚	辛	壬	癸
寅	丙癸戊	丙癸	壬庚	甲庚	丙甲	丙甲	丁(壬)	己壬	庚丙戊	丙辛
卯	庚丁戊	丙癸	癸	庚甲	丙甲	甲癸丙	丁甲	壬丁	戊辛	庚辛
辰	庚壬丁	癸丙	甲壬	甲庚	甲丙	丙癸甲	丁甲	壬甲	甲庚	丙辛甲
巳	癸庚丁	癸庚	壬庚	庚甲	癸壬甲	丙甲(水)	丁壬	壬	壬辛	庚辛
午	癸辰庚	癸庚辛	壬庚	壬	壬甲	癸(壬)	壬(癸)	壬己	癸庚	庚壬癸
未	癸	丙癸	壬庚	甲壬	癸甲	癸	丁甲	壬庚	辛癸甲	庚辛壬癸
申	丁庚	丙(辰)	壬	甲庚丙	丙甲	丙甲	丁甲	壬甲	戊	丁
酉	庚丁戊丙	丙癸	지지세력	甲丙	丙甲	丙甲	丁甲	壬甲	甲(乙)	丁
戌	丙庚丁	丙	甲庚	甲庚	丙甲	丙甲癸	甲壬	甲壬	甲丙	辛甲壬癸
亥	丁庚	丙戊	甲戊	甲戊庚	甲丙	丙甲	丁甲	壬丙	甲	庚辛戊丁
子	丙戊庚	丙	甲戊	甲	丙甲	丙甲	丁甲	壬丙	戊丙	丙辛
丑	丁庚	丙	甲	甲庚	丙甲	丙甲	丁甲	丙壬	甲	丁

기초 사주 명리학 학습방법

- 사주팔자(四柱八字)란 무엇인가를 이해한다.

- 음양(陰陽)과 오행(五行)의 기본의미와 이치를 이해한다.

- 상생(相生)과 상극(相剋)관계를 이해한다.

- 한자 22개(十天干, 十二地支)를 외우고 익힌다.

- 10천간(十天干)과 12지지(十二地支)의 각각 글자의 뜻과 오행에 적용하여 의미를 이해한다.

- 사주 명식과 대운 세우는 방법을 이해한다.

- 궁(宮)과 십성(十星)에 대하여 이해한다.

- 하늘에 있는 맑고 단순한 천간합(天干合)과 천간충(天干沖)을 이해한다.

- 땅에 있는 미묘하고 복잡한 지지((地支)의 합(合), 충(沖), 형(形), 파(破), 해(害)를 이해한다.

- 육친(六親) 공부를 상세히 하여 타고난 진로와 적성, 공부의 재능, 부모 복, 형제 복, 배우자
  복 등을 이해한다.

- 대운(大運) 적용법에 대하여 구체적으로 이해한다.

- 지지(地支)에 숨겨져 있는 지장간(支藏干)에 대하여 이해한다.

- 각종 신살(神殺)에 대하여 이해한다.

- 사주의 강, 약을 구별하는 12운성(十二運星)에 대하여 공부한다.

- 육십갑자(六十甲子)의 다양한 적용법을 이해한다.

- 궁합(宮合)과 인연법에 대하여 이해한다.

- 사주(四柱)의 신강 및 신약의 구별에 대하여 이해한다.

- 용신(用神)과 격국(格局)을 찾고 적용하는 방법을 이해한다.

- 직업과 적성을 찾는 방법에 대하여 이해한다.

- 출산, 결혼, 이사, 이동, 개업, 수술 등 택일을 하는 방법에 대하여 공부한다.

- 개운(改運)을 할 수 있는 방위, 풍수, 풍수 인테리어 등 개운법에 대하여 공부한다.

- 성명학 공부를 한다.(작명, 개명, 상호, 아호)

- 그 외 부적과 방편에 관련된 공부를 한다.

- 실전 사주풀이 공부를 꾸준히 한다.

- 본인에게 맞는 수행법과 기도 방법, 경전공부, 명상 등을 연구한다.

크레온의
사주명리학

ⓒ 김교령, 2022

개정판 1쇄 발행 2022년 7월 6일

지은이   김교령
펴낸이   이기봉
편집   좋은땅 편집팀
펴낸곳   도서출판 좋은땅
주소   서울특별시 마포구 양화로12길 26 지월드빌딩 (서교동 395-7)
전화   02)374-8616~7
팩스   02)374-8614
이메일   gworldbook@naver.com
홈페이지   www.g-world.co.kr

ISBN   979-11-388-1105-7 (03180)